Horst Bielfeld

Gesellige
Nymphensittiche

Kosmos

Dieses geperlte Männchen ist noch etwas zurückhaltend, was seine anliegende Haube verrät.

Männchen, silberfarben, sucht schon etwas neugierig Kontakt.

Inhalt

Extra

4

Der Nymphensittich – halb Sittich, halb Kakadu

Die australischen Krummschnäbel sind außergewöhnliche Papageien und das in vielerlei Hinsicht.

Nymphensittiche haben sich schnell und problemlos als Heimtiere bei uns eingelebt.

Die australischen Savannen sind die Heimat der Nymphensittiche.

HERKUNFT

Er hat mit seiner schlanken Figur und seinem langen, gestuften Schwanz große Ähnlichkeit mit den Plattschweifsittichen, zu denen so bekannte und farbenprächtige Arten wie der Rosella und der Pennantsittich gehören. Mit ihnen teilt er auch seine Heimat, den australischen Busch. Wie sie, ist er ein sehr schneller Flieger, um die großen Weiten auf der Suche nach Futter und Wasserstellen schnell zu überbrücken.

Nahrungsaufnahme

Die Samenkörner nimmt der Nymphensittich mit seinem Schnabel direkt vom Boden auf; aber auch andere Nahrung wie Früchte, Beeren und Knospen werden nur mit dem Schnabel bearbeitet und nicht in die „Hand" genommen, wie das bei Kakadus üblich ist.

Ähnlichkeiten mit dem Kakadu

Äußerlich gibt es aber auch große Ähnlichkeiten mit den Kakadus. So kann der Nymphensittich, ebenso wie diese, seine Federhaube auf und ab bewegen, was sonst keine weitere Papageienart mehr vermag. Wie junge Kakadus, haben die Nestlinge des Nymphensittichs gelbe Dunen, während die aller anderen Papageien grau oder weißlich sind. Diese Dunen wachsen bei den Kakadus und beim Nymphensittich das ganze Leben lang. Sie zerkrümeln an den feinen Federästen, um als Puder der Gefiederpflege zu dienen. Aus diesem Grund werden sie Puderdunen genannt.

Die Färbung des Gefieders ist ebenfalls der verschiedener Kakadus vergleichbar: Die gelbe Haube wird von mehreren Kakadus getragen, Ohrenflecke sind bei ihnen auch nicht selten, wenn auch gelb oder weiß in der Farbe. Das Gefieder der Kakadus ist nicht immer weiß wie die Flügelbinden des Nymphensittichs, es gibt auch viele Arten, die schwärzlich oder grau sind wie er selbst.

Das Weibchen des Rabenkakadus, zum Beispiel, hat gelbe Schwanzfedern, die dunkel marmoriert sind, wie wir das vom Weibchen des Nymphensittichs kennen.

Bei den dunkel gefiederten Kakadu-Arten gibt es deutliche Farbunterschiede zwischen Männchen und Weibchen, so auch beim Nymphensittich. Die Mehrheit der anderen Papageien besitzt diesen „Geschlechtsdimorphismus" nicht.

Bei anderen Papageien füttert das Männchen sein Weibchen regelmäßig während der Balz, Brut und Jungenaufzucht. Nicht so bei den Kakadus und dem Nymphensittich. Sie tun etwas, das bei anderen Papageien und Sittichen unüblich ist: Das Männchen löst sein Weibchen regelmäßig bei der Brut ab. Beim Nymphensittich brütet das Männchen überwiegend tagsüber, während das Weibchen in der Nacht auf den Eiern sitzt. Manchmal sind auch beide Partner gemeinsam in der Bruthöhle.

Wichtiger Hinweis: Heute wird der Nymphensittich den Kakadus zugerechnet, in deren Familie er eine eigene Unterfamilie bildet.

VERHALTEN IN FREIHEIT

Mit seiner Färbung, seiner schlanken Figur und seinem rasanten, gradlinigen Flug ist der Nymphensittich ganz seinem Lebensraum, dem australischen Busch, angepasst. Hier brütet er, wenn Regenfälle das Nahrungsangebot reichlich und reichhaltig werden lassen. Baumhöhlen dafür findet er überall in abgestorbenen oder ausgebrannten Ästen und Stämmen. Bevorzugt wer-

STECKBRIEF

Name: Nymphensittich (*Nymphicus hollandicus*)		Länge: 28 bis 32 cm	Gewicht: 80 bis 100 g
Beschreibung	**Männchen**	**Weibchen**	**Jungvogel**
Kopf	intensiv gelb mit langer gelber Haube, an der Spitze grau	hellgelb, von mehr Grau durchsetzt	grau mit grauer, gelb durchsetzter Haube
Wangenfleck	orangerot	blassorange	orange und grau
Gefieder	hell- oder dunkelgrau	hell- oder dunkelgrau	matt grau
Flügeldecken	weiß	weiß	weiß
Unterseite des Schwanzgefieders	schwarz	gelb mit schwarzer Bänderung	gelb mit schwarzer Bänderung
Schnabel und Schnabelwachshaut	grau	grau	grau, anfangs rosig
Füße	grau	grau	grau, anfangs rosig

Einträchtig knabbert dieses Pärchen an einem grünen Trieb.

Diese Vögel ohne orangefarbene Wangenflecke sind eine Mutation und heißen Weißköpfe.

den Baumgruppen in der Nähe von Wasserläufen, den so genannten „Creeks", oder von Tümpeln und Seen, die fast alle während der Dürre wieder austrocknen. Ohne irgendein Nistmaterial einzutragen, legt das Weibchen durchschnittlich 5 bis 6 weiße Eier auf den Boden der Höhle. Nachdem der Vogel mehrfach in seine Brut-

höhle hineingeschaut hat, klettert er ganz langsam rückwärts hinein. Man vermutet zwei Gründe für dieses Verhalten: Viele der Bruthöhlen sind so eng, dass der Vogel darin gar nicht die Möglichkeit hat, sich umzudrehen. Da der rückwärts einschlüpfende Vogel sich viel Zeit lässt und sich dabei nach allen Seiten umschaut,

scheint er auch auf Feinde zu achten, die ihm und seiner Brut gefährlich werden könnten.

Schwarmverhalten
In der Baumsavanne ist der Nymphensittich überall anzutreffen, manchmal paarweise oder in größeren Schwärmen, meistens aber in Gruppen von ungefähr

20 Vögeln. Sie ziehen außerhalb der Brutzeit umher und bleiben nur dort etwas länger, wo Futter und Wasser gerade reichlich sind. Während längerer Dürreperioden kommen viele Nymphensittiche um, auch wenn sie in der Lage sind, einige Tage ohne Wasser auszukommen. In ihrer Not versuchen sie, Gebiete zu erreichen, in denen sie Wasser, Getreide- und Hirsefelder finden. Die im Süden lebenden Nymphen sind Zugvögel, die regelmäßig vor dem Winter fliehen und im Frühjahr in ihre Brutgebiete zurückkehren.

So leise und unauffällig der Nymphensittich auf dem Boden und zeitweise auch auf Bäumen ist, so laut und unübersehbar ist er während des Fluges. Sowohl die ständigen Rufe, als auch die großen weißen Flügelspiegel sollen helfen, den Schwarm zusammenzuhalten.

Tarnverhalten

Wenn die Nymphensittiche auf dem Boden nach Nahrung suchen, sind sie kaum zu entdecken, so gut stimmt ihre Färbung mit der des Bewuchses überein. Interessant ist ihre Angewohnheit, sich auf dicken Ästen abgestorbener Bäume längs anstatt quer hinzusetzen. Das mag zweierlei Gründe haben. Zum einen werden die Vögel darauf kaum entdeckt und als Astknorren übersehen. Zum anderen könnte es ein Schutz vor den dort meist sehr heftigen Winden sein.

ENTDECKUNG

Durch James Cook soll 1770 der erste Nymphensittich nach London gekommen sein, allerdings nur als Balg ins Britische Museum. Danach beschrieb ihn 1788 J. F. Gmelin und nannte ihn *Psittacus novaehollandiae*. Wegen seiner Ähnlichkeit mit den australischen Sittichen einerseits und den Kakadus andererseits, gab er ihm die deutschen Namen Keilschwanzkakadu und Kakadusittich. Von R. Kerr bekam er 1792 seinen noch heute gültigen Artnamen *hollandicus*, und J. G. Wagler stellte ihn 1832 für sich in die Gattung *Nymphicus*, weil er die großen Verschiedenheiten zu Vertretern anderer Gattungen erkannte und weil der mit dem Nymphensittich wenig verwandte Graupapagei den Namen

Der Nymphensittich erkundet die Welt außerhalb des Käfigs.

Psittacus schon 1758 durch K. v. Linne erhalten hatte. So hatte der Nymphensittich schon seinen wissenschaftlichen Namen *Nymphicus hollandicus*, als John Gould ihn 1840 lebend von seiner Australienreise mit nach England brachte. Schon wenige Jahre nach der Ersteinfuhr, nämlich 1845, gelang in England die erste Nachzucht.

In Deutschland sollen diese Sittiche 1850 zum ersten Male gezüchtet worden sein. Obwohl auch in Deutschland die Nachzucht immer erfolgreicher gelang, wurden noch bis zum generellen Ausfuhrverbot im Jahr 1960 wild lebende Nymphensittiche von Australien eingeführt.

Von den früher zahlreich importierten Nymphensittichen überlebten traurigerweise nur wenige die lange Reise und die Akklimatisation im nasskalten England und in Mitteleuropa. Doch dank dieser vitalsten Vögel konnte die genetische Basis für die jetzt zahlreichen kräftigen Pfleglinge in unseren Volieren geschaffen werden.

Heute werden alle im Handel erhältlichen Nymphensittiche hier gezüchtet und es ist für jeden Liebhaber beruhigend zu wissen, dass sein Vogel nicht der Natur entnommen wurde.

Plaudern und Zuhören während ihrer gemütlichen Ruhestunden gehört zum Tagesablauf der Vögel.

Zubehör & Kauf

Ein gemütliches Heim für unsere Nymphensittiche

Nymphensittiche haben ganz spezielle Anforderungen an ihr Heim, die man jedoch sehr einfach erfüllen kann.

KAUF

Sicherlich ist der Wunsch nach einem Nymphensittich bei Ihnen schon einige Zeit vorhanden, und Sie haben sich darüber schon viele Gedanken gemacht. Hoffentlich haben Sie sich in diesen Gedanken nicht nur ausgemalt, wie der Vogel aussehen, dass er zahm sein und sprechen können sollte, sondern auch, wie Sie ihm das Leben bei sich so angenehm wie möglich gestalten können.

Sie müssen vor dem Kauf wissen, was auf Sie zukommt: Anfangs kann Ihr Pflegling noch ängstlich sein. Dann schreit er womöglich viel; und sein Schreien kann Ihnen und Ihren Nachbarn auf die Nerven gehen. Der Vogel wirft Spelzen, Sand und Federn aus seinem Käfig, so dass das Zimmer nicht immer tipptopp aufgeräumt aussehen wird. Während seines Freiflugs im Zimmer kann er allerlei Unfug anrichten und nicht zuletzt Möbel

Auch eine kleine Gruppe lebt in einer Voliere friedlich zusammen.

Hierin werden die Vögel sicher nach Hause geholt.

annagen. Auf all dieses sollten Sie vorbereitet sein, damit später nicht die große Enttäuschung und Ernüchterung einsetzt und Sie einzig den Wunsch haben, das Tier wieder loszuwerden. Da dieses kein Gegenstand ist, den man an- und abschaffen oder in die Ecke stellen kann, sondern ein Lebewesen, das unter Wechsel und Vernachlässigung leidet, sollten Sie also vorher überlegen, ob Sie sich ohne Wenn und Aber für einen Nymphensittich eignen. Ich wollte Ihnen mit diesen Worten die Freude auf

Wichtiger Hinweis: Bevor Sie zum Händler oder Züchter gehen, um einen Nymphensittich auszuwählen und mitzunehmen, sollten Sie seinen Käfig schon fertig eingerichtet bereitstehen haben. Futter und Wasser sollten schon in den Näpfen sein, damit der Vogel bei Ihnen erst einmal seine Ruhe hat.

Ein goldgeperltes Weibchen auf seinem Lieblingsplatz auf dem Kletterbaum

Bei der Haltung eines Pärchens haben die Vögel stets Gesellschaft.

einen Nymphensittich nicht vermiesen, sondern Sie nur dazu bringen, realistisch an die Anschaffung eines solchen Vogels heranzugehen. Sie brauchen nämlich auch nüchternes Betrachten beim Kauf selbst.

GESUND SOLL ER SEIN!

Vor dem Kauf sollten Sie die Vögel beim Händler oder Züchter erst einmal gründlich anschauen und auch darauf achten, ob sie ordent-

lich untergebracht und gut gepflegt sind. Wenn das nicht der Fall ist, gehen Sie lieber zu einem anderen Anbieter, denn sonst haben Sie häufig von Anfang an mit Krankheit und Ungeziefer beim Vogel zu kämpfen.

Stimmt also das äußere Bild beim Händler oder Züchter, dann sollten Sie die zum Verkauf angebotenen Vögel aus einiger Entfernung beobachten. Fühlen sich die Nymphensittiche nicht durch einen ihnen fremden Menschen beunruhigt, dann zeigen sie ihr ganz normales Verhalten. Sie können die Vögel nun besser nach ihrer Vitalität und ihrem Temperament beurteilen. Dass es große Unterschiede gibt, werden Sie dabei sicher feststellen können.

MÄNNCHEN ODER WEIBCHEN, JUNG- ODER ALTVOGEL?

Bei ganz jungen Nymphensittichen sind Männchen und Weibchen nicht oder nur sehr schwer zu unterscheiden. Manche Männchen bekommen allerdings schon recht früh kräftig gelbe und orangerote Federn im Wangen- bzw. Ohrbereich. So können sie relativ früh von den jungen Weibchen unterschieden werden. Das ist dann wichtig, wenn der Vogel sprechen oder pfeifen lernen soll, da Männchen von Natur aus eine größere Lautfreudigkeit besitzen.
Alte Nymphensittiche sind meistens an großen, hervortretenden und harten Hornschilden an den Füßen und

Zehen zu erkennen. Auch das Horn des Schnabels ist nicht mehr glatt wie bei Jungvögeln, sondern von Rillen und Rissen durchzogen. Füße und Schnabel sind bei einem älteren Vogel meistens dunkler, doch sind, besonders bei den Farbspielarten, keine sicheren Schlüsse hieraus zu ziehen.
Da jeder Nymphensittich beringt sein muss, achten Sie am besten auf die im Ring eingravierte Jahreszahl. Die geschlossenen Ringe der AZ und des DKB (siehe Anhang) sind eine Garantie, denn sie werden den noch

kleinen Nestlingen übergestreift. Mit dem Wachsen wird das Fußgelenk dicker, so dass der Ring nicht mehr

SO SIEHT EIN GESUNDER NYMPHENSITTICH AUS:

▸ Er hat glattes, lückenloses und anliegendes Gefieder.
▸ Wachshaut und Schnabel sind glatt und ohne Krusten oder Risse.
▸ Er hat große, klare Augen.
▸ Alle Zehen und Krallen sind vorhanden.
▸ Das Aftergefieder ist sauber.
▸ Er ist lebhaft, aber nicht hektisch.
▸ Eine gewisse Scheu ist normal.
▸ Große Zahmheit nur, wenn von Hand aufgepäppelt oder nestjung.

Nehmen Sie keinen Vogel:

▸ der große Gefiederlücken hat,
▸ dem Zehen oder Krallen fehlen, der aufgeplustert sitzt und trübe Augen hat,
▸ der in gekauerter Haltung ständig am Napf sitzt, im Futter aber nur herumstochert,
▸ der andauernd seinen Kopf ins Rückengefieder steckt,
▸ der älter als ein halbes Jahr ist, wenn er ganz vertraut und ein Sprech- oder Pfeifkünstler werden soll.

14

**Stets werden
Fuß und Flügel
einer Seite gleichzeitig
gestreckt.**

abgezogen werden kann. Es
gibt auch offene Ringe, die
einfach mit einer Ringzange
erwachsenen Vögeln ange-
legt werden können. Diese
tragen auch keine Jahres-
zahl. Sind Sie im Zweifel
über das Alter des Vogels,
dann sollten Sie ihn mit of-
fenem Ring oder unberingt
nicht nehmen. Unberingte
Vögel zu verkaufen ist übri-
gens gesetzwidrig.

PARTNERSCHAFT

Nymphensittiche sind von
Natur aus gesellige Vögel,
weshalb hier ganz dringend
zur Anschaffung und Hal-
tung mindestens zweier Vögel geraten wird. Selbst bei
noch so viel Zuwendung für
den Einzelvogel reicht diese

oft nicht aus.
Er braucht
ständige Gesellschaft, am
besten die eines Artgenossen. Dann funktioniert die
Verständigung hundertpro-
zentig. Dabei spielt es keine
Rolle, ob Sie zwei Männ-
chen, zwei Weibchen oder
ein Pärchen vorziehen. Die
Vögel sind so oder so sehr
zufrieden, wenn sie von
klein auf aneinander ge-
wöhnt sind. Da sie sehr
friedliche Vögel sind, wird
auch das spätere Zugesellen
eines zweiten Nymphensit-
tichs keine Schwierigkeiten
bereiten.
Um einen Einzelvogel zu
halten, müsste jemand stän-

dig anwesend sein. Das trifft
meistens nur bei älteren
oder behinderten Menschen
zu. Für diese bedeutet der

**Ein amtlich anerkannter
Fußring ist gesetzlich vorge-
schrieben.**

zahme Nymphensittich oft der stets präsente Ansprechpartner. Da es für diese Liebhaber leicht eine Belastung darstellen könnte, sich um zwei oder mehr Vögel zu kümmern, kann in diesem besonderen Fall von einer Berechtigung zur Einzelhaltung gesprochen werden.

UNTERBRINGUNG DER NYMPHENSITTICHE

Der Nymphensittich ist von Natur aus ein gewandter Vogel, der lange Strecken mit hoher Geschwindigkeit fliegt, der sich aber auch viel auf dem Boden aufhält. Er ist, aus den Weiten der australischen Savannen stammend, viel Platz gewohnt. Das macht sich bei einem Vogel in einem zu kleinen Käfig bemerkbar. Wenn er erschrickt, flattert er panikartig umher. Dies liegt in seiner Natur. Er muss so reagieren, anders als ein waldbewohnender Vogel, der in gleicher Situation nicht das Weite sucht, sondern behutsam von Zweig zu Zweig huscht. Das oberste Gebot für die Haltung des Nymphensittichs heißt also, ihn so geräumig wie möglich unterzubringen. Das gilt sowohl für die Bodenfläche als auch für den Flugraum, die im Vogelheim vorhanden sein sollten.

DER RICHTIGE KÄFIG

Wenn Sie Ihren ersten Nymphensittich anschaffen wollen, werden Sie für ihn einen passenden Käfig brauchen. Gehen Sie bei der Wahl nicht vorrangig danach, dass er schön sein und zu Ihrer Wohnungseinrichtung passen sollte. Am wichtigsten ist, dass er den Ansprüchen des Vogels auf artgerechte Unterbringung genügt. Das ist leider bei den meisten Vogelheimen, die ein Anfänger für den Nymphensittich angeboten bekommt, nicht der Fall. Fast alle Nymphen werden zuerst in zu kleinen oder falschen Käfigen gehalten. Sie sind zu eng, so dass sich der Vogel bei jedem Umdrehen den Schwanz, die Flügel oder die Federhaube stößt. Oft haben sie senkrechte Gitterstäbe, so dass er nicht einmal Klettermöglichkeiten hat. Oder sie sind rund und bieten dem Vogel nicht einmal ein ruhiges Eckchen. Es ist eindeutig nachgewiesen, dass Vögel, nicht nur Nymphensittiche, in einem runden Käfig hochgradig nervös und psychisch krank werden. Sie verfallen oft in eine regelrechte Drehkrankheit. Nymphensittiche fühlen sich auch nicht wohl, wenn die Gitterstäbe aus blankem Chrom oder Mes-

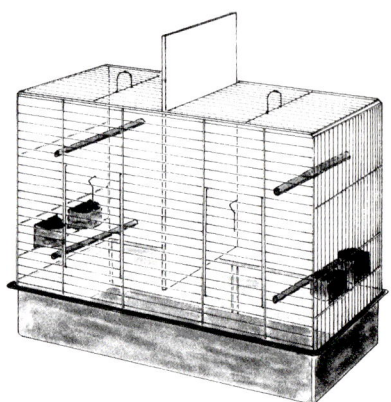

Durch einen Schieber unterteilbarer Käfig

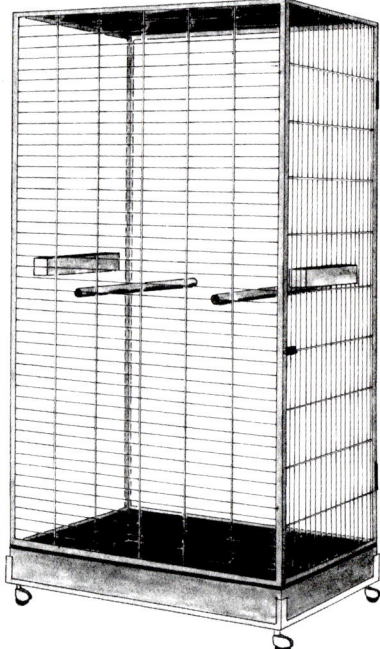

Eine Zimmervoliere ist für die Vögel besonders gut geeignet.

Schaukeln macht auch Nymphis viel Spaß.

sing sind. Es gibt Käfige, deren Gitter in unauffälligen matten Farben gesintert sind. Darin sehen Sie den Vogel besser und er Sie. Dann hat er nicht unter den ständigen Reflexen zu leiden, die ihn nervös und reizbar machen.

Kaufen oder bauen Sie also einen großen Käfig, der mindestens 100 x 50 x 90 cm messen sollte. Besser und artgerechter wäre ein Vogelheim von über 150 cm Länge, 100 cm Höhe und 60 cm Breite. Bei richtiger Anordnung der Sitzstangen oder Zweige kann der Vogel hierin schon etwas seine

Flügel gebrauchen. Außerdem kann er recht bequem auf dem Käfigboden herumlaufen, ohne überall anzustoßen.

Standort

Der Käfig sollte einen hellen, zugluftfreien Standort in der Wohnung bekommen und so aufgestellt werden, dass sich die Vögel etwa in Augenhöhe befinden. Denn da fühlen sie sich wohler, als an einem zu niedrigen Platz. Ein Platz, an dem sie erschrecken könnten, etwa neben einer Tür, ist ebenso zu vermeiden wie einer, an dem sie praller Sonne ausgesetzt wären. Sonne tut dem Nymphensittich gut und er liebt sie auch, doch muss er immer die Möglichkeit haben, sich in den Schatten zurückziehen zu können.

DIE ZIMMERVOLIERE

Eine Zimmervoliere ist ein Vogelheim, in dem seine Bewohner fliegen können. Für Nymphensittiche bedeutet das eine Mindestlänge von 1,5 m, eine Höhe von 1,2 m und eine Breite von 0,6 m. Besser ist eine noch größere Voliere. Es gibt Zimmervolieren, die frei aufgestellt werden wie ein Käfig. Es gibt aber auch Bauelemente zu kaufen, die ganz nach vorhandenem Platz oder eigenem Geschmack zusammengefügt werden können. Mit ihnen kann eine Zimmerecke oder eine ganze Seite für die Pfleglinge abgeteilt werden.

Eine Zimmervoliere lässt sich noch besser als ein Käfig mit Naturästen ausstatten, so dass die Vögel natürliche Klettermöglichkeiten erhalten. Doch sollten Sie sich auf wenige Äste beschränken, damit möglichst viel Flugraum für die Bewohner zur Verfügung steht. Während bei der Käfighaltung täglicher Freiflug für den Vogel äußerst wichtig ist, ist dieser bei der Volierenhaltung nicht nötig.

Junge Nymphensittiche mit viel Flugraum in der Gartenvoliere

Standort

Wo Sie eine Zimmervoliere aufstellen, werden Sie nach dem Ihnen zur Verfügung stehenden Platz und dem eigenen Empfinden entscheiden. Im Wohnbereich haben Sie am meisten von Ihren Pfleglingen und diese von Ihnen, lieben sie als gesellige Vögel doch Leben in ihrer Umgebung. Aber auch ein Raum auf dem Boden oder im Keller kann für die Haltung geeignet sein. Es darf hier jedoch zu keiner

Eine Schaukel ist ein beliebter Sitz- und Spielplatz.

Zugluft, keinen großen Temperaturschwankungen oder zu Feuchtigkeit kommen, und die Räume müssen über ausreichend Tageslicht verfügen.

DIE GARTENVOLIERE

In einer Gartenvoliere mit angeschlossener Innenvoliere fühlen sich Nymphensittiche am wohlsten. Ist der Platz vorhanden, darf so eine Voliere 3 bis 6 m lang und 1 bis 2 m breit sein. Dann können die Vögel ihre Flugfertigkeit und Schnelligkeit auskosten. Allerdings ist so eine große Voliere ein regelrechtes Bauwerk, wofür meistens sogar eine Baugenehmigung erforderlich ist. Auch muss bedacht werden, dass die Nymphensittiche Ihre Nachbarn stören könnten, denn in einer Gartenvoliere sind sie fast immer lautfreudiger als im Haus.

NÜTZLICHES ZUBEHÖR

Ob im Käfig oder in der Voliere gehalten, brauchen Sie für Ihre Nymphensittiche einiges an Zubehör. Neuerdings gibt es auch sehr interessantes Spielzeug, das für den Nymphensittich in der Größe passt und des Halters Auge erfreut. Dazu gehören zum Beispiel Schaukeln und schwingen-

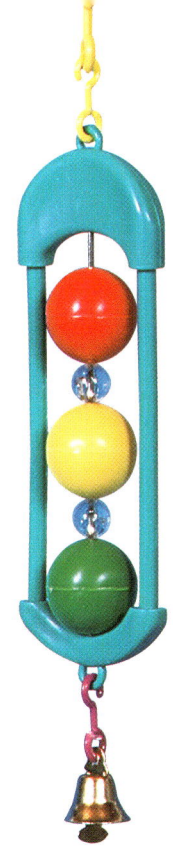

Spielzeug sorgt für interessante Beschäftigung bei den Vögeln.

de Taue aus bunt gewirktem Material. Es gibt auch für Papageien einige größere Teile aus Holz, die ebenfalls für Nymphensittiche brauchbar sind. Einen Spiegel, eine blanke Glocke oder ein Spielmännchen oder Spielvogel aus Plastik sind für Nymphensittiche weniger geeignet, denn sehr schnell können die Vögel süchtig danach werden, vor allem, wenn sie einzeln gehalten werden. Dann kann sogar ihre Aufmerksamkeit gegenüber ihren Menschen verloren gehen.

WAS BRAUCHEN MEINE VÖGEL

▸ Sitzgelegenheiten, auch frische Äste mit Rinde
▸ Futternäpfe aus schwerem Steingut oder Porzellan
▸ Wassernapf aus Steingut oder Porzellan bzw. standsicherer Trinkautomat
▸ großes Badehäuschen oder große, schwere Badeschale
▸ Kletterbaum aus gut verzweigtem Ast
▸ Vogelsand, möglichst gritreich
▸ Gritstein (so genannter Taubenkuchen), Kalkstein, Sepiaschale
▸ Raufe für Grünfutter
▸ Klammer für Obst, Möhren und anderes Gemüse
▸ Beleuchtung für Voliere bzw. die kurzen Wintertage
▸ Infrarot-Strahler oder Infrarot-Dunkelstrahler für den Fall einer Unpässlichkeit

Auch Leiter und Wippe können beliebtes und viel benutztes Spielzeug sein, desgleichen eine Anzahl Ringe aus Holz oder gewirktem Tau, die übereinander angebracht sind und durch die die Vögel hindurchschlüpfen können. Ein Seil aus Sisalfasern mit Knoten darin ist ebenfalls gut zum Hangeln, aber auch mit dem Schnabel zu bearbeiten. Es ist ebenso im Zoofachhandel zu bekommen, wie eine Anzahl weiterer Spielsachen. Ist der Käfig etwas klein, dann dürfen Leitern und Spielsachen nicht hinein, sondern zu Gunsten der Bewegungsfreiheit für die Vögel nur wenige Sitzgelegenheiten. Sonst wird es zu eng darin. Richten Sie dann lieber einen Spielplatz außerhalb des Käfigs ein, am besten auf einem Kletterbaum.

EINGEWÖHNUNG

Haben Sie den richtigen Käfig für Ihre Nymphensittiche gekauft und eingerichtet und die ausgewählten Vögel wohlbehalten nach Hause gebracht, dann sind verständlicherweise bei Ihnen und Ihrer Familie die Neugierde und die Anteilnahme riesig. Doch gerade in den ersten Tagen, in denen die Vögel in ihrer neuen Umgebung sind, sollten Sie sich zurückhalten und ihnen die notwendige Ruhe gönnen. Sie werden es Ihnen bald mit schnellem Zutrauen danken.

Futtersilos sind bei kurzzeitiger Abwesenheit gut geeignet.

TIPP: Gehen Sie anfangs nur einmal täglich an den Käfig heran, um das Futter und Trinkwasser zu erneuern. Sprechen Sie dabei mit ruhiger, einschmeichelnder Stimme zu Ihren Nymphensittichen.

Alles Hantieren am Käfig sollte im Zeitlupentempo geschehen und sich auf das Notwendigste beschränken. Nymphensittiche, vor allem Jungvögel, können in ungewohnter Umgebung und bei plötzlichen Bewegungen extrem hektisch reagieren. Das Säubern des Käfigs zum Beispiel muss anfangs Zeit haben, wenn notwendig bis zu

zwei Wochen. Viel wichtiger ist, dass sich die Vögel in ihrem Vogelheim ganz sicher und geborgen fühlen. Sie werden nach kurzer Zeit schon selbst kommen und Kontakt aufnehmen, vor allem, wenn es noch ganz junge Vögel sind. Das können Sie daran erkennen, dass sie nicht mehr furchtsam herumflattern und schreien, sondern interessiert zuschauen, wenn Sie ihnen Futter und Wasser bringen.

DER ERSTE TAG ZU HAUSE

Doch zurück zum ersten Tag der Nymphensittiche bei Ihnen. Es könnte sein, dass sie das Futter in ihrem Napf oder Automaten nicht finden, da sie es in ihrer Voliere gewohnt waren, aus großen Schalen zu fressen. Auch könnte es passieren, dass sie die oberste Futterschicht aus kleinen Näpfen oder Automaten absammeln und die Spelzen hineinfallen lassen und so das Futter zudecken. In beiden Fällen können die Vögel vor vollem Napf hungern. Damit das nicht passiert, streuen Sie ihnen etwas Futter auf den Käfigboden, am besten neben den Napf oder Automaten. Beobachten Sie aus einiger Entfernung, ob die Vögel schon aus ihrem Napf zu fressen verstehen.

Unbeobachtet wagen sie sich schneller, in ihrem Käfig auf Entdeckungstour zu gehen und alles zu beknabbern und so auch das Futter zu finden. Hilfreich ist dabei meistens auch ein Hirsekolben, den Sie neben Napf bzw. Automaten hängen sollten.

Dem kann selbst ein Einzelvogel kaum widerstehen. Es gibt nämlich auch bei den Vögeln einige, die vor Trennungsschmerz von den Geschwistern oder Artgenossen das Futter verweigern oder nicht ans Fressen denken. Sie verlieren dann schnell die Kraft, werden immer apathischer und gehen schließlich ein. Das kommt vor allem bei sehr jungen Nymphensittichen vor, wenn auch selten. Sie müssen den Vogel also auch aus diesem Grund gut beobachten. Entweder muss ein zweiter Vogel gleich dazu gesetzt werden oder er kommt schnellstens zurück zu seinem gewohnten Schwarm.

NYMPHENSITTICHE ZÄHMEN

Es ist nicht verbindlich zu sagen, nach wie vielen Tagen der neue Hausgenosse anfängt, zutraulich zu werden. Sie merken es aber an seinem Verhalten. Dann können Sie nach dem Füttern ein wenig länger in

seiner Nähe verweilen und ruhig mit ihm sprechen. Bei einem jungen Vogel dauert diese Eingewöhnungsphase so etwa ein bis zwei Wochen, je nachdem, welche Erfahrungen er vorher mit Menschen gehabt hat.

Bei einem jungen Vogel, der noch misstrauisch ist, Ihnen gegenüber aber nicht (mehr) panisch reagiert, können Sie jetzt folgendermaßen vorgehen: Setzen Sie sich in ca. ein bis eineinhalb Meter Entfernung vom Vogel hin. Lesen oder handarbeiten Sie, ohne ihn viel zu beachten. Nur hin und wieder sollten Sie mit sanfter Stimme seinen Namen sagen. Durch Ihr ruhiges Dasitzen mit wenigen Bewegungen, die ihn nicht erschrecken können, wird er Sie immer weniger als bedrohlich ansehen. Je nach Fortschritt rücken Sie immer näher an seinen Käfig heran. Nun geben Sie ihm durchs Gitter hin und wieder einen Leckerbissen, wenn nötig zuerst auf ein dünnes Stöckchen gespießt oder auf einem langstieligen Löffel. Hierfür muss allerdings schon ein Türchen geöffnet werden. Das wird auch nötig sein, wenn Sie zum ersten Mal versuchen, ihn im Käfig auf die Hand steigen zu lassen. Halten Sie die flache Hand oder auch nur den Zeigefinger vor

seine Brust und drücken Sie leicht dagegen, dann wird er schon aus dem Grund, nicht das Gleichgewicht auf der Sitzstange zu verlieren, auf die Hand kommen. Setzen Sie ihn in gleicher Weise auf seinen Ast zurück. Diese Übung können Sie dann von Tag zu Tag öfter wiederholen. Lassen Sie den Vogel dabei vorläufig noch in seinem Käfig.

Locken mit Leckerbissen
Es kann sein, dass Sie auf diese Weise zu keinem Erfolg bei Ihrem Nymphensittich kommen. Dann können Sie es auch mit einem Leckerbissen auf der Hand versuchen. Der Vogel sollte allerdings möglichst hung-

Die Vögel lieben den Kontakt zu ihren Menschen.

rig sein, damit er seine Scheu überwindet. Ihn länger als ca. zwei Stunden davor hungern zu lassen, ist jedoch nicht ratsam.

Kraulen
Den Nymphensittich durch Vertrauen und nicht durch Hunger auf die Hand zu bekommen ist durch Kraulen

zu erreichen. Machen Sie es zunächst wie beim Füttern, in dem Sie ein langes, dünnes Stöckchen nehmen. Damit kraulen Sie ihn in der Kinn- und Ohrgegend sowie im Nacken. Anfangs wird er das vielleicht nicht dulden und in den Stock beißen.

Wellensittiche und Nymphis verbindet eine besonders gute Freundschaft.

Dann soll er ihn eben als schmackhaften Leckerbissen ansehen und die Rinde abknabbern. Es gibt ja noch mehr Zweige und irgendwann begreift er die Absicht und lässt sich gerne kraulen. Nun braucht nur nach und nach das Stöckchen kürzer zu werden, bis ihn schließlich ein Finger krault. Das mag schnell gehen oder auch lange dauern.

Lässt Ihr Nymphensittich sich von Ihnen kraulen und kommt bereitwillig auf die Hand, dann können Sie ihn auf der Hand auch langsam aus seinem Käfig nehmen. Mit ziemlicher Sicherheit wird er auf Ihre Schulter klettern, einen Platz, den er sehr bald am meisten lieben wird. Dieses Stadium der Zahmheit erreichen Sie bei manchen Nymphensittichen schon nach wenigen Wochen. Jetzt können Sie einen weiteren Schritt wagen und einen zweiten Vogel holen, nach Möglichkeit wieder einen ganz jungen. Wird bei ihm ebenfalls mit Einfühlungsvermögen und Geduld vorgegangen, dann sollte auch dessen Zahmwerden keine großen Probleme bereiten.

NYMPHENSITTICHE UND ANDERE HEIMTIERE

Der Nymphensittich ist ein äußerst friedlicher Geselle, der gut mit einer anderen Vogelart zusammen gehalten werden kann. Am häufigsten wird er zusammen mit einem Wellensittich gepflegt. Diese beiden Vögel ergänzen sich gut und schließen häufig auch Freundschaft miteinander. Von anderen Papageienarten sind höchstens noch der Glanzsittich und andere Grassittiche für ein Zusammenleben mit dem Nymphensittich geeignet.

Wichtiger Hinweis:
Die meisten Papageien sind für eine Vergesellschaftung nicht friedlich genug, auch viele Unzertrennliche nicht, die den Nymphensittich gern in die Füße beißen.

Kleinere Vögel wie Pracht-
finken, Webervögel, Zeisige,
Girlitze (zu ihnen gehört
auch der Kanarienvogel),
Diamanttäubchen, Chinesi-
sche Zwergwachteln kön-
nen bedenkenlos mit einem
oder mehreren Nymphensit-
tichen die Voliere teilen. Es
ist allerdings nicht ratsam,
Nymphensittiche ohne vor-
heriges Aneinandergewöh-
nen in die Gemeinschafts-
voliere fliegen zu lassen. Die
kleineren Vögel könnten in
Panik geraten, sich verletzen
oder zu Tode kommen. Sie
müssen allmählich aneinander gewöhnt werden, was
am besten gelingt, wenn die
Nymphen zuerst in einer
Nachbarvoliere oder in einem Käfig untergebracht
werden, der in der Nähe

steht.
Doch
wenn es auch
Verträglichkei-
ten zwischen den
einzelnen Vogelarten
gibt, so fühlen sich die
Nymphensittiche innerhalb
ihrer eigenen Art sicher am
wohlsten.

Hund und Katze

Hund oder Katze an den
neuen Hausgenossen zu ge-
wöhnen ist nicht leicht. Der
Käfig sollte für die Vierbei-
ner absolut unerreichbar
sein. Einem Hund kann mit
liebevoller Konsequenz bei-
gebracht werden, den Vogel
zu akzeptieren und sich zu
merken, dass er zur Familie
gehört. Er gehorcht eben.
Von einer Katze können Sie

diesen
Gehorsam
nicht erwar-
ten. Ihr Jagd-
trieb wird sie anfangs alles
versuchen lassen, um den
Vogel zu erreichen. Mit der
Zeit gewöhnt aber auch sie
sich an ihn. Nur Freiflug des
Nymphensittichs im Beisein
der Katze sollten Sie vermeiden, oder zumindest aber
anwesend sein.

Richtig füttern

Liebe geht immer durch den Magen

Nymphensittiche mögen Abwechslung auf ihrem Speiseplan – von verschiedenen Körnerarten über Obst bis hin zum frischen Gemüse wird alles gerne angenommen.

DIE RICHTIGE ERNÄHRUNG

Als Bewohner karger australischer Savannen und Halbwüsten ist der Nymphensittich von Natur aus ein genügsamer Vogel.
Er muss in seiner Heimat die meiste Zeit mit trockenen Körnern von Gräsern und Kräutern auskommen. Für wenige Monate im Jahr kommt mit Glück die Regenzeit und bietet dem Nymphensittich Nahrung in Hülle und Fülle.

Daran sollten Sie denken, wenn Sie den Vögeln Futter geben. Lieber etwas weniger, als sie zu Tode zu mästen.

Körnerfutter

In Anlehnung an seine Ernährung in freier Natur sollte der Nymphensittich überwiegend mehlhaltige, also kohlenhydratreiche Samenkörner bekommen. Das sind Glanz (auch Spitzsaat oder Kanariensaat genannt), verschiedene Hirsesorten,

Auch Obst und Grünes sollten zur täglichen Nahrung der Nymphensittiche gehören.

Weizen, Gerste, geschälter Hafer und Buchweizen. Von diesen werden Glanz, die großkörnigen Hirsesorten wie Silber-, Plata- und Japanhirse bevorzugt. Aber auch die kleinkörnigen wie Senegal- und Mannahirse werden genommen. Die großen Getreidearten sind dem Nymphensittich aber zu hart, werden jedoch in gekeimtem Zustand heißhungrig aufgenommen.

Ein gutes Körner-Mischfutter für Nymphensittiche enthält in etwa die in der Tabelle (siehe S. 26) genannten Bestandteile zu ähnlichen Verhältnissen. Sonst tut es auch ein Wellensittich-Mischfutter, dem Sonnenblumenkerne und wenige andere ölhaltige Saaten zugemischt werden.
Zu den öl- oder fetthaltigen Sämereien gehören Sonnenblumenkerne, Erdnüsse,

Hanf, Leinsaat, Negersaat, aber auch Nüsse wie Wal-, Hasel-, Zirbelnüsse, Pinienkerne und Pistazien. Die verschiedenen hier aufgezählten Nüsse werden von manchen Liebhabern als

TIPP: Negersaat ist von den ölhaltigen Samen am bekömmlichsten, zumal sie einen hohen Anteil an Mineralstoffen besitzt.

Leckerbissen von Hand gereicht. Dagegen ist auch nichts einzuwenden, doch immer nur in kleinsten Mengen geben!
Hanf und Leinsamen dürfen ebenso nur in kleinster Menge im Futter enthalten sein, denn sie besitzen hohe Fettwerte, letzteres wirkt außerdem abführend.
Auch Gurken- und Kürbiskerne, die ebenfalls sehr fetthaltig sind, werden von manchen Nymphensittichen mit besonderer Vorliebe genossen.

Gekeimtes ist schmackhafter und wertvoller

Aus dem normalen, im Zoofachhandel erhältlichen Körnermischfutter, das aus Glanz, Hirse und einigen Sonnenblumenkernen besteht, kann ein gutes Keimfutter für Nymphensittiche bereitet werden.
Füllen Sie die Futtermenge, die von den Vögeln täglich aufgenommen wird, in ein Sieb. Pro Nymphensittich rechnen Sie einen Esslöffel voll trockenem Körnerfutter. Das gefüllte Sieb hängen Sie

in einen Plastiktopf und füllen kaltes Wasser auf, bis alle Samen schwimmen. Nun lassen Sie die Körner 24 Stunden im Wasser quellen, spülen sie aber nach 12 Stunden kurz, aber kräf-

FUTTEREMPFEHLUNGEN

Körnerfutter	Grünfutter	Obst	Gemüse	Zusatzfutter	Leckerbissen
2 % Buchweizen	Ampfer	Aprikosen	Chicorée	Aufzuchtfutter	Bucheckern
40 % Glanz	Beifuß	süße Äpfel	Chinakohl	Eifutter	Ebereschen
5 % Haferkerne	Gänsedistel-	Birnen	Eisbergsalat	Gerste, gekeimt	Erdnüsse
1 % Hanf	blätter und	Brombeeren	Endivie	Hirse, gekeimt	Feuerdorn-
5 % Japanhirse	-samen	Erdbeere	Gurke	Kalkstein	beeren
2 % Gurken-	Hirtentäschel	Himbeeren	Kohlrabi	Katjang-idjoe-	Hagebutten
oder Kürbis-	Kresse	Honig-	Kopfsalat	Bohnen,	Haselnüsse
kerne	Löwenzahn	melonen	Mangold	gekeimt	Mais, halbreif
1 % Leinsaat	Melde	Kiwis	Möhre	Knabber-	Mehlbeeren
2 % Negersaat	Rispengräser	Nektarinen	Paprika	stangen	Pistazien
2 % Perillasaat	Vogel-	Pfirsiche	Petersilie	Kolbenhirse	Pistazien
7 % Platahirse	knöterich	Schwarze	Spinat	Mineralstein	Walnüsse
3 % Senegal-	Vogelmiere	Johannis-	Zucchini	Sepiaschale	Weißdorn-
hirse	Wegerich-	beeren		Vogelgrit	beeren
12 % Silberhirse	arten	Süßkirschen		Weichfutter	Zirbelnüsse
18 % Kerne der	Wicken	Stachel-		Weizen,	
Sonnen-		beeren		gekeimt	
blumen					

tig unter kaltem Wasserstrahl durch. Nach 24 Stunden ebenfalls noch einmal kräftig durchspülen, das Wasser abschlagen und das Sieb mit den feuchten Körnern luftig aufstellen oder aufhängen.

Jetzt zeigen sich nämlich die ersten weißen Spitzen an den Körnern, die Keime. In diesem Zustand sollten Sie das Keimfutter verfüttern, dann ist es am wertvollsten. Reichen Sie das Keimfutter nur in einem ganz flachen Futternapf, sonst kann es doch noch säuern. Und vergessen Sie nicht, übriggebliebenes Keimfutter am selben Abend aus dem Käfig zu nehmen. Sollte es öfter zu Resten kommen, dann reduzieren Sie am besten die Keimfuttermenge.

Damit Sie täglich Keimfutter geben können, brauchen Sie drei bis vier Siebe, von denen eines nach der Reinigung einen Tag trocken stehen sollte. Setzen Sie jeden Tag eines neu an. Wie schnell das Futter keimt, kommt auf die Raumtemperatur an. Bei ca. 20 °C ist das Futter meistens nach 48 Stunden fertig. Gekeimte Getreidearten sind, vor allem im Winter, wenn Grünfutter nicht zu beschaffen ist, ein sehr wertvolles Fut-

Die Knabberstange gehört zum Lieblingsfutter des Nymphensittichs.

ter. In dieser Zeit sind auch die kleinen grünen Sojabohnen (Katjang idjoe) interessant, die auf die gleiche Weise gekeimt werden. Bei den Bohnen werden die Keime einige Zentimeter wachsen gelassen, denn nur diese, und nicht die Bohnen selbst, werden von den Vögeln genommen. Sie haben hohe Nährwerte und enthalten viele Mineralien und Vitamine.

Mehl- bzw. stärkehaltige Samen bilden die Grundnahrung des Nymphensittichs und sollten ihm in Form von Hirse, Glanz und Haferkernen stets zur Verfügung stehen.

Grünfutter, Obst & Gemüse

Nymphensittiche, werden sie frühzeitig daran gewöhnt, nehmen gern Grünfutter, Obst und Gemüse verschiedener Art an. So lange es draußen Futterpflanzen gibt, und das ist vom frühen Frühling bis zum späten Herbst der Fall, sollten Sie Ihren Vögeln stets etwas davon mitbringen. Ferner stehen Obst- und Gemüsearten zur Verfügung, die die Nymphensittiche sehr gerne fressen (siehe Tabelle S. 26).

Nur in kleinster Menge sind Kardi-Saat, Hanf, Sonnenblumen- und Kürbiskerne zu geben, da sie sehr fetthaltig sind.

Zusatzfutter und Leckerbissen

Nymphensittiche sind normalerweise auch ohne Zusatzfutter gut versorgt, doch gibt es Zeiten, da brauchen sie höherwertiges und abwechslungsreiches Futter, etwa während der Mauser, bei Krankheit oder wenn Nestlinge aufgezogen werden. Dann können Eibiskuit, Zwieback oder ein im Zoofachhandel erhältliches Aufzuchtfutter gereicht werden. Am liebsten nehmen die Vögel es mit geriebener Möhre flockig verrührt. Es kann auch, z. B. wenn Junge zu versorgen sind, etwas insektenhaltiges Weichfutter gegeben werden. Unter diesen Bedingungen nehmen manche Nymphensittiche dieses Futter sehr gerne.

Paddyreis und Sonnenblumenkerne sind gekeimt ein gutes Futter. Als nur seltene Leckerbissen sind dagegen Zirbel- und Erdnüsse zu betrachten.

Haben Sie Vögel, die zahm werden oder es bleiben sollen, dann ist es gut, ihnen Leckerbissen stets nur von Hand zu reichen. Hierfür eignen sich ein Stück Kolbenhirse, eine süße Mandel, eine Hasel- oder Walnuss, Zirbelnüsse, Pistazien, Pinien, Rosinen, Korinthen, ein Stück Feige oder Dattel oder gar ein Mehlwurm.

ZWEIGE ZUM BEKNABBERN

Geben Sie Ihren Nymphensittichen regelmäßig frische Zweige als Sitzgelegenheiten und zum Benagen! Das Nagen dient der Beschäftigung, der Schnabelpflege und führt den Vögeln obendrein wertvolle Mineralstoffe und Spurenelemente zu. Die Zweige müssen aber gründlich abgewaschen werden, bevor die Vögel sie erhalten, denn sie sind voller Ablagerungen und evtl. auch noch gegen Schädlinge gespritzt worden.

Grünfutter ist eine besonders vitaminreiche Nahrung.

FRISCHES WASSER

Wie alle Vögel, reagiert der Nymphensittich sehr empfindlich gegenüber Verunreinigungen des Wassers. Wir ahnen meistens nicht, dass eine Unpässlichkeit oder Krankheit vom Wasser kommen kann.
Fast in jedem Leitungswasser sind leider heute Schadstoffe enthalten. Auch die Kupferwerte können sehr hoch sein. Deshalb ist es wichtig, viel Wasser aus der Standleitung ablaufen zu lassen, bevor Sie die Trinkgefäße füllen.

TIPP: Geben Sie kein Wasser frisch aus der Leitung, sondern nur abgestanden oder abgekocht.

Ist in Ihrer Gegend das Trinkwasser sehr chlorhaltig, dann sollten Sie entweder nur Mineralwasser geben, das auch natriumarm sein muss, oder Sie filtern alles Wasser. Dafür gibt es heute schon eine Reihe sehr guter und preiswerter Filter im Handel.
Nymphensittiche trinken nicht viel, sollten aber täglich frisches, sauberes Wasser erhalten. Auch das Badewasser muss täglich frisch und von gleicher Qualität sein, denn die Vögel trinken zuerst von dem Wasser und baden anschließend darin.

Pflege & Gesundheit

Nymphensittiche richtig versorgen

Nymphensittiche fühlen sich erst dann richtig wohl, wenn Unterbringung, Fütterung und Pflege auf ihre Bedürfnisse abgestimmt sind.

Das Putzen des Gefieders ist für Flugfähigkeit und Gesundheit sehr wichtig.

EIN PAAR TIPPS ZUR TÄGLICHEN PFLEGE

Auch wenn Sie nur einen oder zwei Nymphensittiche angeschafft haben, so werden diese vom ersten Tag an Ihr Leben verändern. Sie haben Lebewesen in Ihr Haus genommen, die Ihnen Freude und beglückende Stunden schenken werden, die aber auch tägliche Versorgung und Pflege brauchen. Sie sind von Ihnen völlig abhängig, was bedeutet, dass Sie die ständige, nie aufschiebbare Verpflichtung haben, für ihr Wohlergehen zu sorgen. Die anfängliche Begeisterung kann nicht immer währen, und dann ist es gut, wenn all die kleinen Arbeiten Routine geworden sind, einen festen Platz in Ihrem wie der Vögel Leben haben. Dann wird nichts vergessen oder aufgeschoben. Nymphensittiche sind Gewohnheitstiere und sie freuen sich auf die Versorgung, auf den Freiflug oder die Spielstunde. Haben Sie eine feste Uhrzeit für alles, dann werden Sie mit Erstaunen feststellen, wie die Vögel diese Zeiten bald kennen und ungeduldig auf Sie warten. Am besten ist es, eine Art Stundenplan oder Terminkalender aufzustellen, in dem Sie alle Arbeiten und Mußestunden notieren (siehe Tabelle S. 32).

URLAUBS-
BETREUUNG

Sind Sie mal ein Wochenen-
de von zu Hause fort, dann
können Sie die Nymphensittiche ohne Gewissensbisse
alleine lassen. Geben Sie
Futter und Wasser in dop-
pelter Menge, möglichst in
zwei Näpfen und/oder zwei
Trinkautomaten, für den
Fall, dass die Vögel die ein-
zigen Näpfe umwerfen.
Zusätzlich können Sie als
eiserne Ration einen Hirsekolben oder Leckerstick aufhängen.
Die Vögel länger als drei
Tage alleine zu lassen, ist
nicht ratsam. Dann ist es
besser, Sie haben jemanden,
der für die Zeit Ihrer Abwesenheit für sie sorgt. Ein tier-
lieber Nachbar, Freund oder
Verwandter übernimmt die-
se Aufgabe meistens gern.
Sie können sie auch bei Ihrem Zoofachhändler in Pflege geben. Haben Sie mehre-
re Nymphensittiche in Zim-
mer- oder Gartenvolieren,
dann benötigen Sie eine Ur-
laubsvertretung, die sich
schon vorher mit der Fütterung und Pflege der Vögel
vertraut machen sollte.

**In gepflegtem
Umfeld fühlen
sich die Vögel
wohl.**

GEFIEDER- UND
FUSSPFLEGE

Wie alle Vögel wendet der
Nymphensittich für seine
Gefiederpflege viel Zeit auf.

TERMINPLANER

Täglich um ... Uhr	Füttern + Kontrolle der Futtersilos	frisches Trink- und Badewasser geben	mit den Vögeln spielen, sprechen	das doppelt vorhandene Geschirr (außer vom Trockenfutter) abwaschen
wöchentlich am um ... Uhr	Käfig oder Voliere reinigen	Sand erneuern	Extramenge Grit auf den Sand streuen	Sitzstangen bzw. Zweige säubern
monatlich am	Zweige gegen frische austauschen	alten Kletterbaum durch frischen ersetzen	Vögel + Käfige auf Ungeziefer kontrollieren	alles Vogelgeschirr und Spielzeug gründlich heiß abwaschen
vierteljährlich am	Käfig oder Voliere desinfizieren			
halbjährlich am	Grassoden, Sand bzw. Erde in Außenvolieren erneuern	Drahtgeflecht der Außenvolieren überprüfen	Rahmen und Gitter der Außenvolieren mit ungiftiger Farbe streichen	

Die Federn haben sehr wichtige Aufgaben zu erfüllen und werden daher stets in bestmöglichem Zustand gehalten. Sie werden zwar einmal im Jahr während der Mauser ersetzt, doch so lange sollen die alten Federn halten. Darum putzt sich der Nymphensittich ausgiebig. Das Werkzeug dazu ist sein Schnabel. Mit ihm entfernt er anhaftende Fremdkörper und Schmutzpartikel.

Haken- und Bogenstrahlen

Wenn er die Federn durch den Schnabel zieht, dann dient dies vor allem dem Zusammenfügen auseinander gerissener Federäste. Das ist ihm ohne viel Mühe möglich, weil sich an den Federästen Hakenstrahlen und Bogenstrahlen befinden. Sie haken ineinander und lassen die Federfahne wieder zu einer einheitlichen, zusammenhängenden Fläche werden. Vor allem die großen Flugfedern,

Schwingen und Schwanz, dürfen nicht zerfranst sein, sonst können sie den Vogel während des Fluges nicht tragen. Doch auch die Körperfedern sind erst durch ihre Geschlossenheit luftschnittig und Wasser abweisend.

Puderdunen

Im Gegensatz zu den meisten anderen Vögeln fetten die Papageien ihr Gefieder während des Putzens nicht ein. Manche Papageien haben gar keine Bürzeldrüse mehr, bei den meisten ist sie verkümmert und ohne Funktion, was vor allem für die Kakadus und den Nymphensittich zutrifft. Statt dessen besitzt er Puderdunen. Diese wachsen ständig

Die Schwingen der Vögel dürfen nicht ausgefranst sein.

Tägliches Befeuchten mit dem Blumensprüher sorgt für ein glänzendes Gefieder.

nach und zerfallen an ihren Enden zu ganz feinem weißlichen Puder. Dieser pflegt die Federn, macht sie Schmutz und Wasser abweisend, wie bei anderen Vögeln das Fett aus der Bürzeldrüse.

Unter den lustigsten Verrenkungen und oft mit viel Mühe schafft es der Nymphensittich, fast alle Stellen seines Körpers mit dem Schnabel zu erreichen. Nur beim Kopf und Nacken muss er sich auf andere Weise helfen: Die grobe Arbeit übernehmen die Krallen. Diese hebt er über den Flügel hin-

weg zum Kopf. Hat er seinen Partner oder einen anderen Artgenossen, der die feine Gefiederpflege am Kopf und Nacken für ihn erledigt, gerade nicht zur Stelle, dann reibt er diese Partien im Rücken- und Bürzelgefieder. Dort befindet sich besonders viel Federpuder, der im Kopf- und Nackenbereich fehlt. So pudert er diese gleich tüchtig ein.

Fußpflege

Der Nymphensittich achtet nicht nur darauf, dass sein Gefieder stets in gutem Zustand bleibt, sondern er

pflegt auch seine Füße. Da er viel läuft und klettert, die Füße also häufig gebraucht, ist es nicht erstaunlich, dass der Vogel nach dem Gefieder den Füßen seine Aufmerksamkeit schenkt. Jeder Fuß wird zum Schnabel geführt, mit der Zunge betastet und zart beknabbert. Dadurch werden anhaftender Schmutz, Fremdkörper und Harz entfernt, die sich sonst leicht zwischen die Hornschilde setzen und Entzündungen hervorrufen können. Auch die Krallen werden auf Verschmutzungen hin überprüft. Sind sie zu

Ein Weißkopf-Männchen auf schwingender Leiter

lang, knabbern manche Vögel die Spitzen ab. Das tun allerdings nicht alle, so dass Sie regelmäßig einen Blick auf die Krallen werfen sollten.

NYMPHENSITTICHE BADEN GERN

Ihr Nymphensittich sollte täglich baden. Er behält dann ein sauberes, glänzendes Gefieder. Auch Füße, Schnabel und die Haut werden durch das Bad gereinigt und gepflegt. Die meisten Nymphensittiche baden gern, wenn sie eine große, flache Badeschale bekommen, wie das in Gartenvolieren üblich ist. Sie an ein Badehäuschen zu gewöhnen ist schon schwieriger, obwohl es extra große für diese und andere Papageien gibt. Versuchen Sie es immer wieder, denn es passiert schon, dass ein Vogel plötzlich doch ins Badehäuschen klettert.

Wird es nichts, dann können Sie ihn mit einer Blumenspritze einsprühen. Beginnen Sie damit aber ganz vorsichtig, denn der Vogel darf vor der Spritze nicht erschrecken und dann womöglich für immer Angst davor haben.

Ist der Vogel erst auf den Geschmack gekommen, dann lässt er sich mit ausgebreiteten Flügeln völlig nass-

sprühen. Anschließend wendet er viel Zeit auf, das Wasser abzuschütteln und sich Feder für Feder zu putzen. Die Mühe lohnt sich, da er danach wunderbar glatt und glänzend aussieht.

GESUNDHEITS-KONTROLLE

Es kommt leider häufig vor, dass ein Nymphensittich in einem zu kleinen Käfig gehalten wird, dass er nie Freiflug im Zimmer erhält und, dass er nichts als trockenes Körnerfutter bekommt. Dass er trotzdem meistens jahrelang gesund bleibt, ist kein Verdienst des Besitzers, sondern der Robustheit und Widerstandskraft dieses Steppenvogels zuzuschreiben. Letztlich verkümmert er aber doch bei so ungenügender Pflege und kann leicht erkranken. Es treten Trägheit, Fettleibigkeit, stumpfes, lückenhaftes Gefieder, Mauserschwierigkeiten sowie Veränderungen im Wesen, mit Federrupfen und Schreien, auf. Dabei ist es leicht, mit guter Pflege, artgerechter Unterbringung und richtiger Ernährung vorzubeugen.

In einem entsprechend großen Badehäuschen können Nymphis ausgiebig ihrer Gefiederpflege nachgehen.

Vorbeugung

Geben Sie Ihrem Nymphensittich also genügend Freiflug und beschäftigen Sie sich intensiv mit ihm. Noch besser ist es, ihm eine Voliere und einen Artgenossen zur Gesellschaft zu geben, um Langeweile erst gar nicht aufkommen zu lassen. Die Ernährung kann ohne viel Mehraufwand und Mehrkosten vielseitiger gestaltet werden.

Halten Sie die Nymphensittiche nicht in der Küche. Die dort ständig wechselnde Luftfeuchtigkeit und Temperatur ist ihrer Gesundheit abträglich. Vor allem verlieren sie ständig Federn, sind also immer in der Mauser, was zu erheblichen Stoffwechselstörungen führen kann.

Falls Sie Raucher sind, dann sollten Sie den Raum, in dem sich die Vögel befinden, von „blauem Dunst" verschonen. Nymphensittiche reagieren auf Tabakrauch von leicht irritiert bis stark leidend. Vor allem die Stimme und der normale Mauserablauf werden durch das Mitrauchen-Müssen sehr beeinträchtigt.

Wie alle Vögel können Nymphensittiche Töne im Ultraschallbereich hören,

also auch die hohen Zeilenfrequenzgeräusche des Fernsehers. Damit diese die Vögel nicht belästigen und nervös machen können, ist ihr Käfig wenigstens 3 m weit vom Fernseher aufzustellen.

Es lässt sich also eine Menge durch Vorbeugen tun, Ihre Nymphensittiche bis ins Alter gesund und lebhaft zu erhalten. Es können 15 oder auch 20 glückliche Jahre für die Vögel bei Ihnen werden, wenn Sie von Anfang an alles von ihnen fernhalten, was ihnen schaden könnte und alles bieten, was ihrer Gesundheit und Fitness förderlich ist.

DIE MAUSER IST KEINE KRANKHEIT

Die Federn des Nymphensittichs sind trotz ihrer Leichtigkeit sehr stabile Gebilde. Sie haben vielfältige Aufgaben zu erfüllen. Die Dunen helfen, die Körperwärme zu halten. Gleichzeitig dient der aus ihnen entstehende Puder der Gefiederpflege.

Die Konturfedern, die sich überall am Körper befinden, geben dem Vogel Form und Farbe, aber auch Schutz vor Verletzungen, Regen und Sonnenstrahlen. Er kann mit ihnen die Körperwärme regulieren: Ist ihm warm, legt er sein Gefieder glatt an, ist ihm kalt, dann plustert er es auf. Die größten Federn sind die Flugfedern, die dem Nymphensittich sein schnelles Fliegen und das Steuern ermöglichen. Trotz ihrer Festigkeit nutzen oder brechen die Federn ab. Der Sittich würde mit der Zeit sein Flugvermögen verlieren, aber auch die schützende Hülle seines Körpers. Damit es dazu nicht kommt, sieht die Natur für fast alle Vögel ein jährliches Auswechseln des gesamten Gefieders, die Mauser, vor.

Während der Mauser, die 6 bis 8 Wochen dauert, werden die Federn nach und nach durch neue ersetzt. Zwar sieht der Vogel dann sehr gerupft aus, er verliert aber nicht alle Federn auf einmal und er wird auch nicht flugunfähig, was bei einigen anderen Vögeln durchaus der Fall ist. Vielmehr wird das Gefieder nach und nach von der Mauser erfasst. Von den Schwingen und Schwanzfedern fallen jeweils nur zwei zur gleichen Zeit aus, auf jeder Seite eine. Erst wenn an diesen Stellen neue gewachsen sind, fallen die nächsten aus. Ähnlich ist es mit dem Kleingefieder. Dieses wird zuerst an Brust und Bauch gewechselt, dann im Bürzelbereich und Rücken und zuletzt am Kopf. Die Flügel-

Nymphensittiche kratzen sich am Kopf und Schnabel, indem sie den Fuß über den Flügel emporheben.

decken werden zusammen mit den dazugehörigen Schwingen gewechselt. Meistens erkennen wir die Mauser erst an den vielen Federspulen am Kopf und Nacken des Vogels, wenn wir auch vorher schon viele ausgefallene Federn bemerkt haben.

Die Mauser beansprucht den Stoffwechsel der Vögel sehr. Damit sie reibungslos verläuft, müssen diese das ganze Jahr über gut mit Mineralstoffen, Spurenelementen und Vitaminen versorgt werden, also stets eine ausgewogene Ernährung bekommen.

Die Vögel werden während der Mauser ruhiger, sitzen viel herum und lassen ihre Stimme seltener ertönen. Körperfunktionen, wie der Geschlechtstrieb, schalten ab, denn alle Kraft wird für die Mauser benötigt. Damit es möglichst nicht zu Mauserschwierigkeiten kommt, sollten die Vögel jetzt viel Freiflug im Zimmer bekommen oder in ihrem Käfig ans offene Fenster, auf Balkon oder Terrasse gestellt

werden. Frische Luft und Sonnenstrahlen tun gut, auch wenn die Nymphensittiche immer die Möglichkeit haben sollten, in den Schatten auszuweichen. Haben Sie nicht die Möglichkeit, Ihren Vögeln Sonnenlicht zu bieten, dann lassen Sie ihnen wenigstens täglich eine Stunde Infrarot- oder Ultra-Vitalux-Bestrahlung zukommen.

Stockmauser

Bei Licht- oder Mineralstoffmangel, schlechtem Ernährungszustand, wobei Fettleibigkeit sich schlimmer auswirkt als Magerkeit, kann es zu schlechtem Federwuchs oder gar zur Stockmauser kommen. Der Vogel wird nicht mit der Mauser fertig, er verliert Federn, ohne dass neue sofort nachwachsen,

und bald bekommt er kahle Stellen. Vogelgrit, ein Kalkstein, Mineralwasser, Heilerde unters Feuchtfutter gemischt, täglich eine Scheibe Salatgurke (wegen der Kieselsäure) sowie eiweißreiche Nahrung helfen, Mauserschwierigkeiten zu überwinden.

ERSTE ANZEICHEN VON ERKRANKUNGEN

Selbst wenn Sie noch Anfänger in der Haltung von Nymphensittichen sind, erkennen Sie einen Vogel, der sich nicht ganz wohl fühlt, daran, dass er sein Gefieder aufplustert, seinen Kopf ins Rückengefieder steckt und schwerfällig auf beiden Beinen sitzt. Welche Krankheit oder Unpässlichkeit ihn befallen hat, geht aus diesen Anzeichen leider nicht her-

vor. So können Sie auch nur allgemeine Mittel zu seiner Genesung einsetzen: Die Bestrahlung mit Rotlicht ist dabei meistens ein sehr hilfreiches Mittel. Der kranke Vogel sucht die Wärme der Strahlen. Er muss ihnen aber auch ausweichen können. Zu trinken geben Sie ihm am besten Kamillen-, Fenchel- oder Spitzwegerichtee, bei Durchfall darf es auch leichter schwarzer Tee sein.

Beobachten Sie den kranken Vogel genau, um durch weitere Symptome die genaue Ursache für sein Unwohlsein feststellen zu können. Dies ist sehr wichtig, denn der Vogel kann ja nicht sagen, wo es ihm wehtut. Und wenn Sie zu einem Tierarzt müssen, dann möchte dieser auch gern von Ihnen

Ein selbstbewusstes und zutrauliches Schecken-Männchen

wissen, ob Sie ungewohnte Verhaltensweisen bei dem Patienten festgestellt haben.

TIPP: Sie sollten immer eine Kotprobe und Federn des erkrankten Vogels zur tierärztlichen Untersuchung mitnehmen.

Der Vogel bekommt von einem Tierarzt die Krallen gekürzt.

Viren und Bakterien

Die Ursachen innerer Erkrankungen durch verschiedene Viren oder Bakterien ist schwer festzustellen. Auf jeden Fall sollten Sie sofort einen Tierarzt zu Hilfe rufen, wenn aufgeplustertes Herumsitzen, Appetitlosigkeit, Durchfall, Abmagerung, Ausfluss aus der Nase, Bindehautentzündung, Fieber und/oder Krämpfe auftreten.

Es kann sich um eine Salmonellose, eine Coliinfektion oder sogar um die Papageienkrankheit handeln. Eine erfolgversprechende Behandlung ist nur mit speziellen Antibiotika durch den Tierarzt möglich. Altvögel sind häufig Dauerausscheider der Erreger und können somit Jungvögel infizieren, die dann oft wenige Tage oder Wochen nach dem Kauf erkranken.

Federrupfen

Unter einzeln gehaltenen Nymphensittichen kommt das Rupfen oder so genannte „Federfressen" vor, wenn auch nicht so häufig wie bei größeren Papageien. Es sind meistens Einsamkeit oder Langeweile, die einen Vogel zum Federrupfer werden lassen. Ein Nymphensittich, der nestjung zu Menschen kommt und auf diese geprägt ist, beginnt meistens mit dem Rupfen, wenn er nach der ersten Begeisterung irgendwann vernachlässigt wird. Er ist auf einmal viel allein, was er als geselliger Vogel nicht lange verkraften kann.

Ist der Vogel bei der Anschaffung nicht ganz jung gewesen, dann kann das Rupfen bedeuten, dass er sich nach einem Artgenossen sehnt. Vor allem, wenn er geschlechtsreif geworden ist, wird ihm ein Partner sehr fehlen.

Das beste Gegenmittel ist ein gefiederter Freund!

Krallenwuchs

Zweige von unterschiedlicher Stärke und eine Schamotteplatte, ein Bimsstein bzw. ein großes Stück alten (gut gewässerten) Mörtels vor dem Futternapf verhindern übermäßigen Krallenwuchs. Durch häufiges Landen auf diesen rauen Steinen nutzen sich die Krallen auf natürliche Weise ab. Sonst kann es vorkommen, dass sie zu lang werden und der Vogel damit an seinem Gitter oder während des Freiflugs an Gardinen, Polstermöbeln oder an Teppichböden hängenbleibt. Darum sollten Sie stets einen Blick auf die Länge der Krallen

Wichtiger Hinweis: Beim Kürzen der Nägel müssen Sie ca. 3 mm von den Nervenenden und Blutgefäßen entfernt bleiben, die ein Stückchen in die Kralle hineinwachsen und gegen ein starkes Licht gut zu erkennen sind, auch bei den Vögeln mit dunklen Krallen.

haben und diese im Bedarfs-
fall kürzen. Für einen Nymphensittich eignet sich dafür
eine Nagelzange.

GEFAHRENQUELLEN

Der Nymphensittich kann:
▶ getreten werden
▶ von plötzlich schließender Tür geklemmt werden
▶ in schnörkeligem Ziergitter einen Fuß verletzen
▶ in Vasen oder Spalten (hinter Möbeln) fallen
▶ sich mit zu langen Krallen in Gardinen verfangen
▶ mit heißen Herdplatten oder Bügeleisen in Berührung kommen
▶ auf dampfenden Kochtöpfen landen
▶ in gefüllte Waschbecken, Badewannen oder Wassereimer fallen und ertrinken
▶ von scharfen Wasch- oder Desinfektionsmitteln im Wasser trinken
▶ Telefon- und Elektrokabel zerbeißen
▶ leiden, wenn er ständig der Sonne ausgesetzt ist
▶ Kügelchen des Bleibandes im unteren Rand der Gardine verschlucken.
▶ entfliegen
▶ von giftigen Pflanzen fressen
▶ wertvolle Vasen und anderes Glas oder Porzellan umwerfen und zerbrechen
▶ Möbel benagen
▶ durch Zerbeißen von Elektrokabeln einen Stromschlag für seine Menschen hervorrufen
▶ ungiftige Pflanzen zernagen

Trauen Sie sich selbst das Kürzen der Krallen nicht zu, dann lassen Sie das den Tierarzt, Zoohändler oder Züchter tun.

Schnabelkorrektur
Vor allem bei einer selten erforderlichen Korrektur des Schnabels ist ein Fachmann gefordert. Ein zu lang gewachsener Schnabel darf nämlich nicht mit einem Schnitt quer darüber gekürzt werden, sondern nur mit vorsichtigem Abtragen etwas Schnabelhorns von den Seiten her. Sonst kann es zu Blutungen oder gar zu Splitterungen kommen.

GEFAHREN IM HAUS

Dem frei fliegenden anhänglichen Nymphensittich droht, dass er getreten oder eingeklemmt wird, wenn er seiner Bezugsperson von Raum zu Raum hinterher läuft oder sich auf offene Türen setzt. Auch kann er in Vasen oder in Spalten hinter Möbeln geraten, was seiner großen Neugierde zuzuschreiben ist. An heiße Herdplatten oder Bügeleisen, an dampfende Kochtöpfe, an gefüllte Waschbecken, Badewannen oder Wassereimer darf er nicht herangelassen werden. Er könnte hineinfallen und ertrinken, vor allem wenn auf der Oberfläche Schaum ist, auf dem der Vogel meint, landen zu können. Ebenso sind Eimer mit scharfen Waschmitteln, aus denen der Nymphensittich trinken könnte, eine Gefahr.

Benagen von gefährlichen Gegenständen
Da er alles neugierig benagt, können auch Telefon- und Elektrokabel in Mitleidenschaft gezogen werden. Allerdings kommt es dabei selten zu Schäden für den Vogel selbst. Mit seinem Hornschnabel und der trockenen Zunge verfügt er über gut isolierte Beißwerkzeuge. Doch für Sie und die Wohnung sind freigenagte

Drähte eine Gefahr, die es zu vermeiden gilt.

Zimmerpflanzen

Viele Zimmerpflanzen (z.B. Azaleen, Weihnachtsstern) und Schnittblumen sind giftig oder ungesund für Nymphensittiche. Da diese sehr neugierig sind und sie anknabbern würden, wenn sie Freiflug haben, sind solche Pflanzen unbedingt aus dem Raum zu entfernen. Bitte erkundigen Sie sich beim Kauf neuer Pflanzen unbedingt nach deren Giftigkeit. Auch geben viele Zimmerpflanzenratgeber darüber Auskunft.

ENTFLIEGEN

Eine der größten Gefahren für die Nymphensittiche beim Freiflug ist das Entfliegen. Denken Sie stets daran, Fenster und Türen geschlossen zu halten, sobald Sie Ihre Vögel in der Wohnung frei fliegen lassen.
Die Chancen, einen entflogenen Nymphensittich wiederzubekommen, sind sehr gering. Der Vogel erschrickt selbst, ist er erst zum Fenster hinaus. Die Umgebung sieht plötzlich ganz anders für ihn aus, und die Wohnung kann er von außen ja nicht wiedererkennen. So fliegt er in seiner schnellen Art davon, um auf einem hohen Baum zu landen, so wie das seine Artgenossen in der freien Natur auch machen. Durch Tauben oder andere Vögel aufgeschreckt, fliegt er orientierungslos umher und entfernt sich womöglich immer weiter von seinem Heim. Geben Sie nicht auf, nach ihm zu suchen. Mit Anschlägen in Ihrer Umgebung, Annoncen in örtlichen Zeitungen, Hinweisen bei Tierärzten und Zoogeschäften besteht die Möglichkeit, Ihren entflogenen Nymphensittich wieder zu bekommen.

Während des Freiflugs im Zimmer muss der Vogel immer beaufsichtigt werden.

Verhalten & Sinne

Verhaltensweisen verstehen lernen

Als geselliger Vogel verfügt der Nymphensittich über ein reiches Verhaltensinventar, mit dem er uns immer wieder zum Lachen bringt.

FEDERHAUBENSPIEL

Mit seiner Haube z. B. kann der Nymphensittich besonders gut seine Stimmungen ausdrücken. Ein gelassener oder ruhender Vogel wird seine Haube zurückgelegt tragen, aber nicht fest an den Kopf gepresst. Dies tut er, wenn er sich ängstigt oder wenn er zubeißen will. Stellt er seine Haube auf und zwar so, dass sie noch ganz leicht nach hinten gerichtet ist, dann zeigt er damit gelassene Aufmerksamkeit an. Wenn er sie steil über die Stirn stellt, dann kann er sich bedroht fühlen und droht zurück, oder er will damit seinem Weibchen oder einem Rivalen imponieren. Genauso richtet er die Haube plötzlich steil nach vorn, wenn er überrascht oder erschreckt wurde. Beobachten Sie gleichzeitig sein übriges Verhalten, dann werden Sie das Federhaubenspiel Ihrer Nymphensittiche bald sehr genau deuten können.

VERLEGENHEITS-GESTEN

Das Kopfkratzen mit einem Fuß ist nicht immer Gefiederpflege, sondern kann auch eine Art Verlegenheitsgeste sein. Wenn der Vogel gerade etwas tun wollte, was

Ein möglichst hoher Platz zum Schlafen ist den Nymphensittichen schon von Natur aus am sichersten.

er nicht darf, kommt es zu dieser „Übersprungshandlung", auch wenn er vergessen hat, was er gerade tun wollte oder in seinem Tun unterbrochen wurde. Viele Menschen kratzen sich in solchen Situationen auch am Kopf, wenn auch nicht mit dem Fuß, oder sie fassen sich an die Nase.

STIMMLICH IMMER AUF ZACK

Mit seiner Stimme kann der Nymphensittich ebenfalls unterschiedliche Stimmungen ausdrücken. Allein seine Pfeiflaute können locken, warnen oder einfach unterhalten, je nach Lautstärke, Modulation oder Klang. Schrill und laut sind sie meistens nur, wenn ein Vogel alleine ist und einen Partner oder seinen Schwarm herbeirufen möchte. Das gilt für den auf Menschen geprägten Vogel natürlich auch, besonders wenn ihn seine Bezugsperson über einen längeren Zeitraum allein lässt.

Wo andere Papageien und Sittiche laut schreien würden, fauchen und zischen Nymphensittiche. Das Fauchen wird bei Bedrohung durch den Menschen, durch Feinde oder Artgenossen ausgestoßen. Die Vögel fauchen auch, wenn ein anderes Paar ihre Bruthöhle besetzen möchte. Dabei hängen sie sich kopfüber vor den Einschlupf und schlagen mit den Flügeln. Ein weiterer Grund für das Fauchen besteht auch, wenn sie während des Brütens gestört werden. Sogar die kleinen Nestlinge lassen diese Laute schon hören, wenn sie sich im Nest bedroht fühlen.

Das Reinigen der Zehen und Krallen gehört zum Verhalten der Vögel.

KLETTERKÜNSTLER

Wie die meisten Sittiche und Papageien kann der Nymphensittich sehr gut klettern. Er hat dafür kräftige Füße mit sehr beweglichen Zehen. Von diesen stehen zwei nach vorne und zwei nach hinten, wie das bei anderen klettergewandten Vögeln, etwa bei Spechten, auch zutrifft. Wie mit zwei Paar Zangen kann der Nymphensittich mit jedem Fuß zugreifen und fassen, wobei das innere Paar kürzer als das äußere ist. So findet er an Zweigen verschiedenster Dicke und Beschaffenheit einen sicheren Halt. Klettert er bei der Suche nach Früchten, Beeren und Staubgefäßen im Gezweig herum, vermag er jede nur mögliche Stellung einzunehmen, auch kopfüber hangelnd.

Sie werden bemerkt haben, dass er beim Klettern auch seinen Schnabel zu Hilfe nimmt. Er dient ihm, wie den anderen Papageien, als „dritter Fuß". Manchmal hängt er nur am Schnabel, wenn er sich von einem Zweig zum anderen zieht.

KURZSTRECKEN-LÄUFER

Nun ist der Nymphensittich nicht nur ein guter Kletterer, sondern ebenso gut als Läufer auf dem Boden. Er ist dabei ausdauernd und gewandt, wenn er auch ein wenig watschelnd „über den großen Zeh" läuft, wie das bei den Großpapageien sehr ausgeprägt ist.

Ihr Nymphensittich ist nicht anormal oder gar krank, wenn er häufig auf beiden Beinen sitzt. Nur beim ganz entspannten Ruhen oder beim Schlafen ist es üblich, dass er ein Bein hochzieht und es ins Gefieder steckt, um es dort zu wärmen.

FREIFLUG IM ZIMMER

In den ersten Wochen haben sich Ihre Nymphensittiche von ihrem Käfig aus mit den Gegebenheiten des Zimmers schon einigermaßen vertraut gemacht. Sie sollten sich also während des Freiflugs zurechtfinden. Bauen Sie ihnen schon vorher gut sichtbare und leicht anfliegbare Sitzgelegenheiten, dann kann ängstliches Umherflattern vermieden werden. Ein Kletterbaum auf oder neben dem Käfig, ein zweiter am anderen Ende des Zimmers werden schnell ihre Lieblingsplätze sein.

Der erste Freiflug

Bevor Sie nun die Vögel zum ersten Freiflug herauslassen oder auf der Hand aus dem Käfig holen, sollten die Gardinen oder Vorhänge zugezogen sein. Sie sind zuerst aufgeregt und kennen die räumlichen Begrenzungen nicht, würden wahrscheinlich dem Licht entgegen fliegen und auf die Fensterscheibe prallen. Auch später sollten Sie daran denken, die Gardinen vorher immer zuzuziehen, denn es liegt in der Natur des Steppenvogels Nymphensittich, beim Erschrecken auf und davon zu stieben. So hat sich schon so mancher dieser schnellen Vögel beim Aufprall auf die Scheibe eine Gehirnerschütterung zugezogen, den Schnabel oder gar das Genick gebrochen.

Fütterung außerhalb des Käfigs

Geben Sie Ihren Nymphensittichen außerhalb des Käfigs kein Futter, wenigstens während der ersten Zeit des Freiflugs nicht. Dann

Auseinandersetzungen werden mit Drohen und Schnabelhieben ausgetragen.

gewöhnen sie sich daran, immer wieder zum Käfig zurückzukehren, wenn sich bei ihnen Hunger oder Durst einstellen. Finden sie anfangs nicht in den Käfig zurück und lassen sie sich auch nicht auf der Hand hineintragen, dann müssen Sie sie am Abend doch mit Futter und Wasser versorgen, nach Möglichkeit in der Nähe ihres Käfigs. Das Übernachten außerhalb sollten Sie, wenn irgend möglich, einem Einfangen vorziehen.

Sie werden dann ohnehin am liebsten auf ihrem Kletterbaum schlafen wollen. Wählen sie als Schlafplatz eine Gardinenstange, Lampe oder ein anderes Möbelstück aus, dann legen Sie einfach eine Zeitung, ein Stück Pappe oder ein Handtuch darunter, um Möbel oder Teppich vor ihren Häufchen zu schützen.

Einfangen der Vögel

Müssen die Nymphensittiche aus einem wichtigen Grund unbedingt in ihren

Wichtiger Hinweis:
Versuchen Sie nicht, die Nymphensittiche in den Käfig zu scheuchen oder sie einzufangen, denn dann verlieren sie schnell wieder das gerade gewonnene Zutrauen zu Ihnen.

Käfig zurück, dann nehmen Sie einfach die schlafenden Vögel im Dunkeln von ihrem Platz. Aber nicht mit den bloßen Händen, sondern mit dicken Handschuhen. Auf diese Weise be-

kommen die Vögel keine Angst vor lhren Händen, können sie doch nicht folgern, dass sie in den Handschuhen stecken. Auf der anderen Seite sind die Hände vor dem Beißen geschützt, das sehr schmerzhaft sein kann. Haben Sie den Vogel mit beiden Händen um seinen Körper herum gefasst, kann er in seinen Käfig zurückgesetzt werden. Dabei sollten Sie beruhigend mit ihm sprechen.

Aufsicht während des Freiflugs

Lassen Sie die Nymphensittiche nur aus ihrem Käfig, wenn Sie sie beaufsichtigen können. Erhalten sie Freiflug während Ihrer Abwesenheit, könnte allerhand passieren, sowohl den Vögeln wie Ihrer Einrichtung. Wollen Sie die Vögel dennoch auch während Ihrer Abwesenheit fliegen lassen, müssen Sie den Raum schon vogelsicher machen, so dass sie weder an Gardinen hängen bleiben, Vasen umstoßen, Zimmerpflanzen benagen, noch Strom- oder Telefonkabel durchbeißen können, um nur einige Gefahrenquellen zu nennen. So mancher Nymphensittich, an dessen Freiflug im Zimmer gerade niemand gedacht hat, ist schon entflogen.

SPRECHUNTERRICHT

Haben Sie zuerst einen einzelnen, ganz jungen Nymphensittich erworben, dann sind nicht nur die Chancen groß, dass er schnell handzahm und anhänglich wird, sondern auch die, dass er sehr gut sprechen lernt. Ein Nymphensittich hat nämlich großes Talent dazu, das Sie nur richtig zu wecken und zu fördern brauchen. Wie Sie das am besten machen, sollen Ihnen die folgenden Zeilen vermitteln.

Der richtige Beginn

Beginnen Sie mit dem Sprechunterricht so früh wie möglich. Allerdings sollte der junge Vogel sich schon gut eingelebt haben und handzahm sein. Das wird bei einem nestjungen Vogel oft nach wenigen Tagen der Fall sein, sonst nach 2 bis 4 Wochen. Dann sind Sie schon seine Bezugsperson, sein Partner geworden. Das ist sehr wichtig, denn er achtet nun auf alles, was Sie tun und sagen. In freier Natur oder in einer Voliere würde er jetzt von seinen Eltern und den Schwarmmitgliedern lernen. Zwar sind viele seiner Laute angeboren, doch muss er oft erst deren Bedeutung erfahren. Von Natur ein geselliger

Ein Kletterbaum bietet den Vögeln viele Möglichkeiten, ihre Sinne zu schärfen.

TIPP: Die Ruhestunden Ihres Nymphensittichs sollten Sie für den Sprechunterricht unbedingt nutzen. Das kann am frühen Nachmittag oder am Abend sein. Wenn Sie nun sanft mit ihm sprechen, wird er dies sehr mögen und aufmerksam zuhören. Er wird sich das Gesprochene einzuprägen suchen, denn alles, was Sie als sein „Partner" sagen, ist für ihn wichtig.

Vogel, der stets mit anderen Artgenossen zusammen ist, braucht er einen großen „Lautschatz". Es ist für ihn lebenswichtig, nicht allein die Warnrufe vor den vielen unterschiedlichen Feinden richtig zu deuten, sondern auch all die anderen Laute, die von den Nymphensittichen für ihr Zusammenleben gebraucht werden. So gibt es zeitweilig leises Geflöte, wenn der Schwarm in der Natur mehrmals täglich auf einem Baum zusammenkommt, um nach der Futteraufnahme zu ruhen, welches vor allem für die jüngeren Vögel spannend und unterhaltend zu sein scheint.

Kurze, vokalreiche Wörter

Beginnen Sie mit einfachen Worten. Sie sollen kurz, vokalreich und deutlich in der Aussprache sein. „Nymphi"

Auf dem Kletterbaum können die Nymphensittiche mit gemeinsamen Aktivitäten ihr Sozialverhalten pflegen.

ist besser als „Hans", um ein Beispiel zu geben. Sprechen Sie nicht in zu tiefer Tonlage. Die hohen Stimmen der Kinder und Frauen werden meistens besser nachgeahmt als die der Männer. Beschränken Sie sich anfangs auf wenige und einfache Wörter, denn sonst verwirren Sie den Schüler nur. Sind in den ersten Wörtern wenige Konsonanten und vie-

Großes Vertrauen bringt dieser Vogel seinem Menschen gegenüber auf.

le Vokale enthalten, macht deren Erlernen dem Vogel am wenigsten Mühe. Hat er erst den Anfang beim Nachsprechen gemacht, dann lernt er meistens wie von selbst hinzu. Die ersten Wörter sollten Sie zu Beginn jeder Unterrichtsstunde wiederholen und erst dann zu neuen übergehen. Nehmen Sie sich viel Zeit für Ihren Vogel. Zwar lernen manche Nymphensittiche sehr schnell, so dass sie nach 2 bis 4 Wochen schon die ersten Wörter nachplappern, doch bei anderen kann es bis zu einem halben Jahr dauern, bis sie zu sprechen beginnen. Haben Sie also Geduld! Und wechseln Sie nicht die vorgesprochenen Wörter in der Hoffnung, dass er andere vielleicht schneller aufschnappt.

Vorpfeifen

Es ist sicherlich nicht verkehrt, wenn Sie Ihrem

Nymphensittich von Anfang an auch etwas vorpfeifen. Es können zum Beispiel die ersten Takte einer Melodie sein. Gepfiffenes nachzuahmen ist für einen Nymphensittich in der Regel einfacher, als Wörter sprechen zu lernen. Das liegt daran, dass er von Natur aus verschiedene Pfeiflaute beherrscht. Gehen Sie beim Pfeifunterricht genauso behutsam und geduldig vor wie beim Sprechunterricht. Hat Ihr Vogel die ersten Takte korrekt nachgepfiffen, dann macht er meistens gute Fortschritte und lernt ganze Melodien vollständig und fehlerfrei zu pfeifen.

Wer spricht besser – Männchen oder Weibchen?

Das Talent zum Nachsprechen oder Pfeifen ist bei jedem Vogel sehr unterschiedlich. Sie sind nicht alle gleich gut begabt. Dabei gibt es auch Unterschiede zwischen Männchen und Weibchen. Männchen sind zum Nachahmen talentierter, da sie schon von Natur ein größeres Stimmeninventar besitzen. Das ist vor allem bei einem balzenden Nymphensittich-Männchen zu hören. Daneben sind die Rufe des Weibchens recht eintönig. Und doch gibt es auch Nymphensittich-Weibchen, die gute Sprecher und Pfeifer geworden sind.

Nachahmung

Als realistischer Tierfreund
werden Sie das Sprechen
und Pfeifen eines Vogels als
reines Nachahmen ansehen,
was es auch ist. Die Bedeutung dessen, was er spricht
oder pfeift, weiß er nicht.
Manche Besitzer von Nym-
phensittichen oder anderen
sprechenden Vögeln
schwören jedoch darauf,
dass ihr Vogel genau wüsste,
was er da sagt. Diese Leute
lassen sich von der guten
Beobachtungsgabe und der
Fähigkeit des Vogels täu-
schen, bestimmte Situationen und Laute miteinander
in Verbindung zu bringen.
Es ist in der Natur ja auch
wichtig für ihn, bestimmte
Warnlaute oder Lockrufe
den richtigen Ereignissen
zuzuordnen.

DER GESCHMACKS-
SINN

Zwar ist der Geschmacks-
sinn beim Nymphensittich
nicht sonderlich ausgeprägt,
doch ist er in der Lage, sal-
zig und süß, scharf und sau-
er zu unterscheiden. Das
können Sie gut beobachten
und selbst testen. Geben Sie
Ihrem Vogel mal sauren
Apfel, wenn er immer süßen
gewohnt ist. Oder beträufeln
Sie ein Stück süßen Apfel
mit Zitronensaft. Sie werden
merken, dass er den Unter-
schied sofort merkt. Ein

Futterneid ist bei Nymphensittichen auch nicht selten.

Stückchen Tomate, oft sehr
beliebt, kann mit einem fast
identisch aussehenden
Stückchen Pepperoni ausge-
tauscht werden. Auch hier
gibt es sofortiges Verweigern.
Ebenso verhält es sich
mit Zucker und Salz, wovon
er letzterem eindeutig den
Vorzug gibt. Dass manch
ein Nymphensittich einen
ganz bestimmten Ge-
schmack entwickelt hat
und hartnäckig um seinen

SINNESLEISTUNGEN

Sehvermögen	Das Sehvermögen ist von allen Sinnen am besten entwickelt und für ihn am wichtigsten.
Gehör	Das Hörvermögen ist sehr gut und reicht bis in den Ultraschallbereich. Vor allem die Stimmen der Artgenossen, vom Lock- bis zum Warnlaut, sind für ihn wichtig.
Tastsinn	Der Tastsinn ist gut ausgeprägt, denn mit seiner fleischigen Zunge ertastet und prüft er alles, vor allem die Beschaffenheit seiner Nahrung. Auch spielt die Zunge beim Glätten und Ordnen des Gefieders eine Rolle.
Geruchssinn	Der Geruchssinn ist schwach, doch auf schlechte Gerüche wie Tabakrauch, Lackfarben und Verdünnern reagiert er mit Unbehagen.
Geschmackssinn	Der Geschmackssinn ist nicht sonderlich ausgeprägt, doch kann er salzig und süß, scharf und sauer unterscheiden.

Leckerbissen bettelt, zeigt doch, dass ein gewisser Geschmackssinn vorhanden ist.

DER GERUCHSSINN

Der Nymphensittich verschmäht einige Früchte und Beeren, ohne sie angebissen, also geschmacklich getestet zu haben. Ob dies seinem Geruchssinn zuzuschreiben ist oder visuellem Unterscheiden, kann nicht genau beantwortet werden. Getestet wurden kleine Stückchen Salatgurke und Apfel, die beide gern von den Vögeln genommen wurden, sowie Zwiebel- und Rettichstückchen, die nicht einmal berührt wurden. Jedes war auf einem Einmachglas-Deckel für sich gereicht worden. Nymphensittiche, die Tabakrauch nicht gewohnt sind, können mit Unbehagen reagieren, ebenso gegenüber den Gerüchen von Lackfarben und Verdünnern. Wahrscheinlich nehmen die Vögel diese starken und zum Teil gefährlichen Gerüche mit ihrer „Nase" wahr.

Wichtiger Hinweis: Nymphensittiche sollten unbedingt in einen anderen Raum umquartiert werden, wenn Malerarbeiten oder eine Party, bei der viele Raucher anwesend sind, stattfinden.

DER TASTSINN

Mit seiner abgerundeten, fleischigen Zunge ertastet der Nymphensittich die Beschaffenheit seiner Nahrung. Außer mit den Augen unterzieht er die Samenkörner einer Prüfung mit der Zunge. Körner, die zu öffnen sind, bugsiert er mit der Zunge in die richtige Lage, damit die Schnabelschneiden sie enthülsen können. Die Zunge spielt beim Glätten und Ordnen des Gefieders die wichtigste Rolle, auch bei der gegenseitigen Gefiederpflege.
Beiderseits der Nasenwachshaut, also im Bereich der „Zügel", hat der Nymphensittich einige dunkle Borsten. Beim Männchen sind sie meistens ausgeprägter vorhanden als beim Weibchen. Ob sie die Augen beim Schnabelwischen auf Zweigen schützen sollen? Wahrscheinlicher sind sie zum Tasten in der Bruthöhle gedacht, wie das bei den Bartvögeln der Fall ist. Dagegen können die Füße und Zehen nicht als Tastwerkzeuge dienen, da sie ziemlich unempfindlich sind.

DAS GEHÖR

Der Nymphensittich hat ein recht gutes Gehör. Er kann nicht nur alle Töne im Frequenzbereich des menschli-

chen Hörvermögens wahrnehmen, sondern noch ein Stück darüber hinaus im Ultraschallbereich. Darum sollten Sie Ihren Pflegling auch ein wenig von den hohen Zeilenfrequenzgeräuschen des Fernsehers abschirmen.
Für das Erkennen und Finden von Artgenossen im australischen Busch mögen die lauten Schreie und Pfeiflaute eine Rolle spielen. Gern hören die Artgenossen dem leise plaudernden Gesang der Männchen zu. Vor allem junge Männchen hören andächtig zu, um wohl selbst das Stimmenrepertoire der alten Männchen zu erlernen. Stimmen von Feinden und plötzliche Geräusche werden zwar registriert, veranlassen die Nymphensittiche jedoch selten zur Flucht. Der zahme Nymphensittich erkennt seine Bezugsperson an der Stimme, ohne dass er sie sieht. Ebenso antwortet er ohne Sichtkontakt, wenn er gerufen wird.

DAS SEHVERMÖGEN

Von allen fünf Sinnen ist das Sehen beim Nymphensittich am besten entwickelt. Er erkennt und findet mit

seinen Augen die Artgenossen, den Partner. Die weißen Flügelspiegel sind dazu da, Artgenossen im Flug auch aus großer Entfernung zu erkennen. Die kräftigen orangeroten Ohrflecke des Männchens und die gelbschwarze Schwanzunterseite des Weibchens sind optische Merkmale zur Geschlechtsunterscheidung. Die Balz mit dem Fächern und Aufstellen

Sehvermögen und Gehör sind beim Nymphensittich besonders gut ausgebildet.

des Schwanzes, das Verbeugen und Drumherumtrippeln sind optische Reize des Männchens für das Weibchen. Das Spiel mit der Federhaube ist nichts anderes als Ausdruck der verschiedenen Gemütslagen. Beachtet der Partner oder Nachbar dies nicht, kann es zu Schnabelhieben kommen.

Futterunterscheidung

Das Futter erkennt und unterscheidet der Nymphensittich hauptsächlich mit seinen Augen, wenn er auch den Tastsinn (mit der Zunge), den Geschmackssinn und den Geruchssinn dabei zu Hilfe nimmt. Er hat so scharfe Augen, dass er die verschiedenen Samen an ihren feinsten Einzelheiten erkennt. Manche unterscheiden sich nur etwas in der Farbe, genug für ihn, die weniger schmackhaften liegen zu lassen. Auch reife und unreife Samen und Früchte erkennt er an geringen Farbunterschieden.

Erkennen von Feinden

Feinde nimmt der Nymphensittich schon aus weiter Entfernung wahr. Das ist für ihn in freier Natur lebenswichtig. Doch auch Ihr Pflegling in der Gartenvoliere oder sogar im Käfig am Fenster lässt sein typisches Warnpfeifen vor Greifvögeln hören, wenn er hoch am

Jeder Vogel einer Gruppe ist sehr darauf bedacht, seinen Lieblingsplatz zu behaupten.

Himmel einen Bussard kreisen oder einen Falken vorbeifliegen sieht. Diese Greife sind für unser menschliches Auge oft nur als winzige Punkte zu erkennen, doch für den Nymphensittich scheinbar sehr genau.

Seine Augen sind viel größer als wir vermuten. Sie sind nicht rund, sondern birnenförmig, wobei nur das schlankere Ende für uns sichtbar ist. Durch ihre längliche Form wirken sie für den Vogel wie Teleobjektive oder Ferngläser. Durch Muskelkraft ist es dem Nymphensittich jedoch möglich, die Linsen so zu verschieben, dass sie wie Lupen im Nahbereich sehen können und jede Kleinigkeit ganz genau erkennen.

Erkennen der Bezugsperson

Bei so gutem Sehvermögen ist es kein Wunder, dass der Nymphensittich seine Bezugsperson genau von anderen Menschen zu unterscheiden vermag. Für ihn ungewohnte Kleidung kann ihn zwar kurz irritieren, doch am Gesicht, der Mimik (aber auch an der Stimme) erkennt er sie schnell wieder. Das gleiche gilt auch nach einer Trennung. Sie können das erleben, wenn Ihr Sittich Sie nach Ihrer Rückkehr aus dem Urlaub mit großer Freude begrüßt.

Darum ist es in Volieren/Käfigen wichtig, allen gleichwertige Sitz- und Schlafplätze zu bieten.

Zucht

Unsere Nymphensittiche bekommen Nachwuchs

Ein Weibchen und ein Männchen reichen alleine noch nicht aus, um Nymphensittiche ordnungsgemäß zu züchten. Es bedarf einiger Vorbereitungen, bis man den Nachwuchs endlich bewundern kann.

VORBEREITUNG

Besitzen Sie ein Nymphensittichpärchen und haben den Wunsch, dass dieses brütet und Junge aufzieht, dann brauchen Sie als Erstes die Genehmigung durch Ihre zuständige Gesundheitsbehörde und amtliche Fußringe, um die Jungen kennzeichnen zu können. Wegen der Papageienkrankheit, die auf den Menschen übertragbar ist, müssen Sie ein Nachweisbuch führen, in dem nachzuverfolgen ist, woher jeder Vogel kommt und wohin er abgegeben wurde. Ist wegen der Ringe, die es durch die AZ oder den DKB gibt, das amtliche Drumherum überwunden, können Sie Ihrem Nymphenpärchen einen Nistkasten außen an ihren Käfig oder in die Innenvoliere hängen. Der Käfig sollte möglichst groß sein, denn immerhin erwarten Sie ja Nachwuchs von Ihrem Pärchen. Der Nistkas-

Für die Zucht ist ein Nistkasten erforderlich.

Die Harmonie zwischen den Partnern ist Voraussetzung für den Zuchterfolg.

ten sollte aus wenigstens 2 cm dicken Fichten- oder Kiefernbrettern bestehen und eine Grundfläche von 25 x 25 cm besitzen. Die Höhe ist mit ca. 40 cm zu bemessen. Nistkästen dieser Art gibt es im Zoofachhandel zu kaufen, können aber auch leicht selbst gebastelt werden. Das Einschlupfloch sollte 8 cm Durchmesser haben. Eine Mulde in der Bodenplatte verhindert das Auseinanderrollen der Eier. Manche Nymphensittiche schätzen eine dünne Lage Sägespäne im Nistkasten, andere befördern alle Polsterung hinaus.

DIE RICHTIGEN PARTNER

Wenn Sie schon ein Nymphensittichpärchen besitzen, wird sich nach dem Aufhängen des Nistkastens zeigen, ob sich die beiden Vögel auch wirklich gut verstehen. Meistens ist das der

Gelege des Nymphensittichs

Nestlinge, 3 Tage alt

Fall, doch kommt es auch vor, dass sich nun überhaupt nichts tut oder die Vögel sogar zu streiten beginnen. Doch wenn sie sich verstehen, dann überlässt das Männchen seinem Weibchen überall den Vortritt, sei es am Futter, am Trinknapf oder beim Baden. „Er" ist also, menschlich gesehen, sehr höflich. Dafür wird er von seiner Partnerin gekrault, was aber auch umgekehrt geschieht. Sie sind schnell ein verliebtes Paar, so dass er sich veranlasst sieht, eine Kinderstube auszusuchen. Das macht er in der Natur wie im Käfig, wo er immer wieder in den Nistkasten schlüpft und sie hineinlockt. Ist es erst so weit, dann lassen Balz und Paarung nicht mehr lange auf sich warten. Der Bund für die Brut, und damit meistens für das ganze Leben, ist nun geschlossen.

BALZ, PAARUNG, EIABLAGE

Die Geschlechtsreife tritt bei Nymphensittichen mit knapp einem Jahr ein. Für die Balz trippelt das Männchen um sein Weibchen herum, stellt dabei seine Federhaube steil empor, hebt die Flügel etwas an und spreizt sie gleichzeitig ein wenig. Zwischendurch verbeugt er sich, wobei der gefächerte Schwanz hoch aufgerichtet wird. Dabei lässt er ein melodisches Pfeifen hören. Wo der Platz es erlaubt, zeigt der Hahn auch Flugspiele, bei denen es ihm auf das Aufblitzen der weißen Flügeldecken anzukommen scheint. Von so viel Werbung hingerissen, duckt sich das Weibchen auf seinen Ast und fordert mit seitwärts gestelltem Schwanz zur Kopulation auf. Dazu besteigt er sie, hält sich mit dem Schnabel in ihrem Nackengefieder fest, rutscht seitwärts nach hinten, bis sich ihre beiden Kloaken berühren. Unter minutenlanger Paarungsbewegung werden die Spermien von seiner auf ihre Kloake übertragen. Eine einzige Paarung kann zur Befruchtung des gesamten Geleges reichen, doch finden Balz und Paarung täglich mehrmals statt, bis das Gelege vollständig ist.

Meistens werden 5 oder 6 Eier gelegt und zwar in Abständen von zwei Tagen. Mit dem zweiten Ei wird fest zu brüten begonnen, so dass Eiablage und Brut ineinander übergehen. Das ist bei

Nestlinge, zwischen 7 und 9 Tage alt

Junge, zwischen 17 und 21 Tage alt

Papageienvögeln so üblich, während viele andere Vögel erst nach dem Legen des letzten Eies zu brüten beginnen.

BRUT UND AUF- ZUCHT DER JUNGEN

In Übereinstimmung mit den Kakadus, aber anders als bei den übrigen Papageien, wird das Nymphenweibchen vom Männchen bei der Brut abgelöst. Normalerweise brütet das Weibchen nachts und das Männchen am Tage. Es gibt aber auch Männchen, die ihre Pflicht nicht so genau nehmen, so dass das Weibchen auch tagsüber brütet. Es geht dann nur für kürzere Zeitspannen von den Eiern, um Futter und Wasser aufzunehmen. Bei anderen Papageien wird das alleine brütende Weibchen von seinem Männchen treu gefüttert, was bei den Nymphensittichen nicht der Fall ist.

Das Schlüpfen der Jungen

Normalerweise schlüpfen die Jungen nach 18 Tagen. Es kann bei nicht so festem Brüten oder ungünstigen Witterungsverhältnissen in einer Gartenvoliere auch 20 oder 21 Tage dauern, bis die Jungen schlüpfen. Alle zwei Tage schlüpft eins, so dass vom Legen des ersten Eies bis zum Schlüpfen des letzten Jungen also fast ein ganzer Monat vergeht. Die gerade geschlüpften Nymphenjungen haben ein gelbes Dunenkleid. Sie sind bis zum Alter von ca. einer Woche blind und recht unbeholfen, werden von den Eltern aber fürsorglich gehudert (gewärmt) und ernährt.

Zuerst bekommen sie eine breiige Flüssigkeit, mit zunehmendem Alter mehr und mehr vorverdaute Körner und Aufzuchtfutter. Mit pumpenden Bewegungen wird den Kleinen das Futter eingeflößt, das diese ebenfalls unter Pumpen schlucken.

Heranwachsen

Sie wachsen schnell heran und sehen mit 10 Tagen wie kleine Igel aus, denn die Federkiele brechen überall durch die Haut. Im Alter von zwei Wochen haben sie schon kleine Federhauben, die zuerst wie Stacheln aussehen. Ihre Schnäbel sind rosig und noch recht weich. Sind die Jungen drei Wochen alt, dann schließt sich ihr Federkleid und sie beginnen nach Nymphensittichen auszusehen.

Die Eltern hudern ihre Jungen bis zum Alter von ca. 11 Tagen. Danach können sie sich schon alleine und durch die Geschwister wärmen. Sobald sie mit knapp zwei Wochen sehen können, lassen sie bei Nistkasten-Kontrollen ein Fauchen hören, wie das auch erwachsene Tiere zur Verteidigung ihres Nistkastens gegenüber anderen Paaren, ihren Feinden und gegenüber uns Menschen tun. Es hört sich wie das Zischen einer bedrängten Schlange an. Da sie obendrein den Kopf und Körper hin und her wiegen, scheint die Täuschung perfekt zu sein.

Ausfliegen der Jungen
Im Alter von drei Wochen haben die jungen Nymphensittiche schon gut erkennbare Wangenflecke, mit vier Wochen ist das Gefieder vollkommen ausgebildet und bald danach verlassen sie ihr Nest. An den ersten Tagen sind sie noch unbeholfen und schreckhaft, weshalb sie möglichst in Ruhe gelassen werden sollten. Damit sie sich durch Aufprall nicht verletzen, kleiden manche Züchter die Gitter großer Käfige, Zimmer- oder Gartenvolieren von innen mit Tannengrün aus. Allerdings bleiben die Jungen nur wenige Tage so „kopflos".

Wenn Sie die Zeit und sehr vertraute Nymphensittiche haben, die sich als zuverlässiges Elternpaar erwiesen haben, können Sie den Jungen auf folgende Weise die Schreckhaftigkeit nehmen: Nachdem sie mit ca. 10 Tagen die Augen geöffnet haben, können sie abwechselnd täglich für kurze Zeit aus dem Nistkasten genommen werden. Mögen sie auch anfangs fauchen und zubeißen, so gewöhnen sie sich doch schnell an die Hand und sind beim Ausfliegen völlig zahm. Das ist natürlich von großem Vorteil, wenn die Jungen abgegeben werden. Sie sind nach dieser „Behandlung" vertrauter und bessere Zuchtvögel, wie sich gezeigt hat.

FARBSPIELARTEN

Nachdem Nymphensittiche rund einhundert Jahre lang stets nur als wildfarbene Vögel gezüchtet werden konnten, erschienen 1951 erstmals in ihrem Aussehen veränderte Vögel. Das waren Schecken, die immer der erste Schritt hin zur Domestikation einer Vogelart sind.

Scheckung
Mit der Scheckung werden einzelne Teile des Gefieders aufgehellt und kein Schecke gleicht dem anderen, worin für viele Liebhaber der besondere Reiz dieser Farbspielart liegt.

Zimtfarbene
Des weiteren gibt es zimtfarbene Nymphensittiche, bei denen sich die graue Grundfarbe in helles Zimtbraun verwandelt hat.

Silbergraue, Weiße, Lutions und Albinos
Auch silbergraue und weiße Nymphensittiche sind heute erhältlich. Den Weißen sehr ähnlich sind die Lutinos, die jedoch, wie die „echten" Albinos, rote Augen haben. Die Vögel besitzen ein weißes bis gelbes Gefieder, einen gelben Kopf sowie rote Ohrflecken. Albinos dagegen sind schneeweiß und haben keine roten Ohrflecke.

Geperlte und Gesäumte
Zu geperlten und gesäumten Vögeln kam es dadurch, dass die Federn in der Mitte weiß oder gelb geworden sind und nur noch einen dunklen Saum tragen. Je nachdem, wie breit dieser ist oder ob er wiederum von einem hellen Saum umgeben ist, spricht man von Gesäumten bzw. Geperlten. Zu beachten ist, dass die Männchen mit der Mauser ins Erwachsenenkleid ein ganz normales Gefieder anlegen. Die Weibchen behalten ihre Perlung dagegen ihr Leben lang.

Weißkopf

Eine weitere Farbspielart ist
der Weißkopf-Nymphensit-
tich. Er hat kein Gelb mehr
in seinem Gefieder, und er
besitzt auch keine orangeroten Wangenflecken mehr.
Er sieht graublau aus und
wird deshalb auch als
„Blauer" bezeichnet.
Es sind in Zukunft sicherlich noch mehr Farbspiel-
arten zu erwarten. Aber
auch die heute existieren-
den bieten schon für je-
den Geschmack etwas.

Ein Weibchen, wildfarben,
wird von zwei Männchen,
silber und weiß, umworben.

ZUM WEITERLESEN

Albrecht, Ernst:
Käfig- und Volierenbau.
Rasch und Röhring, Hamburg
1989.

Bielfeld, Horst:
Vogelfutter aus der Natur.
Ulmer, Stuttgart 1993.

Bielfeld, Horst:
Grassittiche. Ulmer, Stuttgart
1999.

Bielfeld, Horst:
Ziervögel. Ulmer, Stuttgart
1998.

Birr, Jochen:
Das Kosmos-Buch der
Wellensittiche. Kosmos-
Verlag, Stuttgart 2001.

Größle, Bernhard:
Gesellige Wellensittiche.
Kosmos-Verlag, Stuttgart
1995.

Niemann, Rainer:
Meine Wellensittiche.
Kosmos-Verlag, Stuttgart
1999.

**Solisti, K. und M. Tobias
(Hrsg.):** Ich spürte die Seele
der Tiere. Stuttgart 1997

Sonnenschmidt, R.:
Heilende Hände für Tiere.
Kosmos-Verlag, Stuttgart
1999.

Tellington-Jones, L. und
S.Taylor:
Der neue Weg im Umgang
mit Tieren. Kosmos-Verlag,
Stuttgart 1993.

ZEITSCHRIFTEN

AZ-Nachrichten. AZN-Verlag
Postfach 11 68
D-71501 Backnang

Der Vogelfreund
Hanke-Verlag GmbH
Amrichshäuser Str. 28/1
D-74653 Künzelsau

Die Voliere. Verlag M. & H.
Schaper GmbH & Co. KG
Postfach 16 42
D-31046 Alfeld

Gefiederte Welt. Verlag Eugen
Ulmer, Postfach 70 05 61
D-70574 Stuttgart

Geflügel-Börse. Verlag
Jürgens KG, Postfach 15 29
D- 82102 Germering

Vogelfreund. DKB
Salenbergstr. 49,
D-72250 Freudenstadt

Ziergeflügel und Exoten.
Mitteilungsblatt nur für
ZE-Mitglieder, Spreeaue 14,
D-03130 Spremberg/L.

ADRESSEN

Vereinigung für Artenschutz,
Vogelhaltung und Vogelzucht
(AZ) e. V., Postfach 11 68
D-71501 Backnang
Tel. 0 71 91 - 8 24 39

Deutscher Kanarienzüchter-
Bund e.V. (DKB)
Salenbergstraße 49
72250 Freudenstadt
Tel. 0 74 41 - 78 14
Fax 0 74 41 - 5 11 78

Vereinigung „Ziergeflügel-
und Exotenzüchter e.V."
Spreeaue 14
D-03130 Spremberg/L.
Tel. 0 35 63 - 9 65 50

Österreichischer Kanarien-
und Vogelliebhaberbund,
Sparte Großsittiche
Rudersdorfer Straße 165a
A-8055 Graz
Tel. 03 16 - 2 93 81 84

EXOTIS, Schweizerischer
Verband für Zucht und Pflege
exotischer Vögel
Dorfstrasse
CH-3364 Seeberg
Tel. 0 62 - 2 99 18 70

Parus, Schweizer Verband
der Vogelliebhaber
Postfach 326
CH-4563 Geralfingen
Tel. 0 32 - 6 74 42 89

Internet-Adressen

http://www.sittich-info.de
http://www.pet-service.de
http://www.zg-amthor.de/az-lgh
http://www.tierfreund.de

REGISTER

BILDNACHWEIS

Mit 69 Farbfotos von
Horst Bielfeld.
Außerdem: Reinhard Tierfoto
(S. 5); Christof Salata/Kosmos
(S. 18, S. 46)
und 2 sw-Zeichnungen aus
Bielfeld, Horst: Unser
Nymphensittich. Stuttgart
1993.

Informationen senden wir Ihnen gerne zu

Bücher · Kalender · Spiele · Experimentierkästen · CDs · Videos · Seminare
Natur · Garten & Zimmerpflanzen · Heimtiere · Pferde & Reiten · Astronomie ·
Angeln & Jagd · Eisenbahn & Nutzfahrzeuge · Kinder & Jugend

KOSMOS Postfach 10 60 11
D-70049 Stuttgart
TELEFON +49 (0)711-2191-0
FAX +49 (0)711-2191-422
WEB www.kosmos.de
E-MAIL info@kosmos.de

IMPRESSUM

Umschlagenwurf von Atelier Reichert, Stuttgart, unter
Verwendung von vier Farbaufnahmen von Horst Bielfeld.

Mit 73 Farbfotos und zwei sw-Zeichnungen.

Die Deutsche Bibliothek – CIP-Einheitsaufnahme

Ein Titelsatz für diese Publikation ist bei
Der Deutschen Bibliothek erhältlich.

© 2001, Franckh-Kosmos Verlags-GmbH & Co., Stuttgart
Alle Rechte vorbehalten
ISBN 3-440-08493-0
Redaktion: Hilke Heinemann
Grundlayout: Atelier Reichert, Stuttgart
Gestaltung: Guido Schlaich, München
Satz: Atelier Krohmer, Dettingen/Erms
Printed in Germany / Imprimé en Allemagne
Druck und Buchbinder: Westermann Druck Zwickau GmbH,
Zwickau

MEINE NYMPHENSITTICH-CHECKLISTE

Futter-Checkliste

► Es wird ausreichend Körnermischfutter gegeben, doch nicht zuviel.

► Kolbenhirse oder eine Knabberstange sorgen für Abwechslung, sollten bei der Futtermenge aber voll angerechnet werden. Verfettungsgefahr!

► Keimfutter aus verschiedenen Sämereien bzw. Sonnenblumenkernen zubereiten, vor allem wenn die Vögel Junge zu versorgen haben.

► Grünfutter bzw. Obst und/oder Gemüse und Zweige mit frischer Rinde zum Benagen werden regelmäßig gereicht.

► Bei neu erworbenen Vögeln und Jungvögeln wird zusätzlich Futter auf den Käfigboden gestreut, weil sie die Näpfe vielleicht noch nicht finden.

► Trinkwasser wird täglich frisch gereicht, bei heißem Wetter mehrmals.

► Im artgerecht großen Badehäuschen ebenfalls täglich frisches Wasser anbieten. Nehmen die Vögel es nicht an, ihnen mit der Sprühflasche ein (von ihnen geliebtes) Duschbad verabreichen.

Pflege-Checkliste

► Je nach Größe von Käfig oder Voliere ein- bis zweimal pro Woche reinigen und mit einer genügend dicken Sandschicht auffüllen (2 cm).

► Gleichzeitig die Sitzgelegenheiten (am besten Zweige) abwaschen, wenn nötig, regelmäßig durch frische ersetzen.

► Auch der Kletterbaum (aus Ästen und Zweigen) braucht Reinigung und nach einiger Zeit Erneuerung.

► Regelmäßig prüfen, ob Schnabel und Krallen zu lang gewachsen sind.

► Bei einem regelmäßigen Gesundheitscheck (etwa vierteljährlich) die Vögel auf Ungeziefer (Milben, Federlinge, Spulwürmer) prüfen (lassen).

► Versichern, dass Kalkstein, Sepiaschale und Vogelgrit den Vögeln immer zur freien Verfügung stehen.

► Das Vogelheim darf nicht in der prallen Sonne stehen.

► Es darf nicht Zugluft ausgesetzt sein oder in der Küche bzw. einem anderen ungeeigneten und/oder unruhigen Platz stehen.

► Die Vögel erhalten täglich viel Freiflug, mindestens eine Stunde.

► Die Vögel bekommen täglich viel Zuwendung, und für das gelegentliche Alleinsein geeignetes Spielzeug.

TIERPASS UND INSTRUKTIONEN FÜR DIE URLAUBSVERTRETUNG

Name: _____   Name: _____

Geschlecht: _____   Geschlecht: _____

geboren am: _____   geboren am: _____

gekauft am: _____   gekauft am: _____

Ring-Nr.: _____   Ring-Nr.: _____

Wichtige Anschriften

Zoofachhändler: _____

_____

Tierarzt: _____

_____

Sonstige: _____

_____

Urlaubsanschrift: _____

_____

Fütterungs- und Pflegehinweise: _____

_____

_____

_____

_____

_____